澤爸的親子日記

理解與陪伴是維繫幸福家庭的不二法門

陪伴你的力量

人氣親職教育講師澤爸親身體驗

作者序

「爸爸，你爲什麼每天都可以來幼兒園接我下課啊？！」有一天我與老婆到學校接孩子放學時，花寶突然問了我這個問題。

「怎麼了？不喜歡爸爸來接你們嗎？」我笑著反問。

「當然喜歡啊，因爲我發現……」

「發現什麼？」

「很多同學都是媽媽來接，而我是爸爸跟媽媽一起耶！」花寶開心地訴說著。

「因爲爸爸很期待能夠看到你們放學的笑臉，還有很珍惜能與你們一邊聊天一邊走回家的這段路程啊。」我回答。

當學校的老師與家長們，察覺到早上是我送孩子上學、放學也會出現在教室門口。班上有活動，即時在平日，也會熱心參與，像是到孩子班上講故事、擔任愛心家長、一同參加校外教學等。大家會露出不好意思且好奇表情詢問「我是做什麼工作的？」

穩定上班族到親職講師的轉變

從穩定的上班族轉變為親職講師，內心當然經歷過了一段不平靜的掙扎，與老婆也發生過大大小小無數次的討論。掙扎與討論的內容，不外乎是收入、生計、貸款、穩定、前景、機會等，與現實相關的種種，還有實現自我的所有。

而我最在意一件事，就是「家」。

因為我厭倦了，孩子的每個第一次，第一次笑、第一次爬、第一次走以及第一次說話等，都要透過老婆拍的影片才能看到。厭倦了，孩子學校裡的許多活動，萬聖節要糖果、聖誕節做手作、慶生會以及母親節感恩會等，都要透過照片才能想像。厭倦了，與孩子們放學路上談天說地的內容，都要透過老婆的轉達才能知道。

當看著老婆從通訊軟體傳來一個個的影片、照片與訊息時，我也想身在其中感受這一切，然而卻深陷在開會的泥沼之中。當知道孩子發生狀況或身體不適時，只能夠等著電話乾著急，因爲擺在眼前還有一堆的工作事項，等著要去處理。眞的很想裝上一雙翅膀，立刻飛過去，但時常不行。因爲我被限制在稱作辦公室的環境裡，一個規定幾點到幾點都必須要待著，甚至超過時間的地方，一個無法到或提早離開必須要得到請假批准的場所。

爲了能夠跳脫規定與制度的約束，爲了能夠實際參與孩子的生活，當然更爲了能找到一個更好的自己。特別是演講邀約越來越多，白天上班，假日演講，能夠陪伴孩子的時間，反卻本末導致的越來越少。這也表示，已經走到了人生的十字路口。於是，鼓起勇氣做了轉變的決定。

離開舒適圈的選擇

轉變，只是一種選擇。選擇本身其實沒有「對」與「錯」。選擇了穩定且有固定收入的工作，不代表「對」；選擇了不符合大衆或社會價値所期待的道路，也不代表「錯」。

即便已經在職場上獲得了一定程度的成就，但卻更加渴望增加在孩子心中存在的份量、想要分擔老婆全天候照顧孩子的辛勞，還有期許分享教養理念在社會上有所貢獻。唯有單純地順從著內心對「陪伴孩子長大」的期望、聆聽與自我內心的對話、找尋對演講長才的展現，選擇了一條對全家人都好，但卻不容易走的崎嶇之路。

雖然崎嶇且未知，我的心卻不會動搖與惶恐。

因爲，公司沒有了我，依然可以繼續轉動。但是，家人沒有了我，沒能參與到這段孩子最需要爸媽的親暱時光，肯定會完全不一樣了。決定離開舒適圈是一件很難的抉擇，但是很幸運能在孩子都尚年幼的時候，就理解到這個道理。

親子間的關係之牆

陪伴孩子，如同砌磚牆一樣。一開始不知道該怎麼做，試著調整心態找出方法。在忙碌的生活中回到家時，不管再疲累，依然願意花時間與精力去砌上一些。不把砌牆的事情認為是幫忙，而是自己應盡的責任。就這樣，一天砌上一塊紅磚，每天不間斷的累積，隨著孩子的成長，我們與他之間的關係之牆，才會變得牢固且不怕風吹日曬。當孩子已經大到可以跨越至磚牆之外而獨立時，即使倦了、煩了、沒電了，也會願意回到我們一起建構的溫暖磚牆之下，在滿是愛的呵護中充電。然後，待電池滿格之後，再次充滿力量地展翅翱翔。

假使因爲諸多原因，不願意也不情願地每天砌上一塊的紅磚塊，使得親子間的關係之牆，顯得破損不堪。當自己老了，孩子成人了，才想要快速的砌上，把牆中的洞給補起來，就會發現為時已晚，因爲孩子已經頭也不回的往我們的反方向走去，越走越遠越走越遠……，再大聲的呼喊都沒有用了，再多的威脅與利誘的手段也都無效了。

澤爸的書

希望爸爸媽媽們，能夠透過書中的每一個故事，感受面臨新生兒到來的摸索與嘗試。在上班時，即使再忙再累，也能學習如何花時間與孩子培養感情。在親子之間的相處當中建立雙向溝通與正向教養的原則與方法，讓孩子能夠學習到對自我負責以及對他人負責的內化能力。最後則是回歸到家的本質，讓夫妻之間，有了孩子之後，反而更能加溫，並且在孩子長大後，學習到放手，牽起那位真正要一同走往人生終點的另一半。

經由一點一滴的關心、關懷與陪伴的累積，感受到一家人之間的情感羈絆。一同用愛來擁抱孩子，享受著身為父母的這趟美好旅程！畢竟，與孩子的相處路上，其實只有「陪伴」與「了解」這兩件事罷了。

澤爸（**魏瑋志**）

目錄

5

1

有了孩子，開始學習當爸媽

原來我可以照顧孩子

爸爸今天不加班

工作賺錢之外，能為孩子做些什麼

放手，讓孩子嘗試與練習

陪著孩子一起難過

原來我可以照顧孩子

「老婆，等澤澤出生之後，我絕對是他的大玩偶。」剛跟朋友的孩子一陣激烈的玩耍過後，拉起袖子擦拭著滿臉的汗滴。

「你的意思是……孩子想玩就找你！那……要照顧的時候呢？」老婆話中有話試探著問。

「嗯……」沒想到老婆會這麼問的我，有點語塞，不知該如何回答。

「我告訴你，兒子出生之後，你也一定要一起照顧喔！」老婆看著我的眼睛提醒。

「好！好！好！我會，我一定會。」我應和著。

口頭上的應和，只是爲了平息這個話題罷了。對於孩子出生之後，是否可以照顧不會講話只懂哭泣的嬰兒，其實一點信心也沒有。眼看再兩個月，就要從兩口之家增加爲三口，房間堆滿了嬰兒床、娃娃車、尿布等孩子用品，每一樣都在我眼中化爲金錢數字，似乎都不斷地提醒我，有了孩子將會多麼的花錢。於是乎，在我心中泛起了一絲絲的念頭，在外努力賺錢才應該是我的重點啊！

也許，這個念頭，只是對於能否照顧孩子的不確定感而找尋的藉口。

老婆的整夜奮戰

澤澤出生了，這個世界開始環繞著他旋轉。經歷了上班以來最忙碌的休假，每天不斷地在醫院與家裡來回奔波，母嬰同室的選擇，也讓我重新感受到大學夜唱的疲勞感，只是這一次，不知幾天幾夜才會結束。

回家休息後，重返工作的崗位上。白天找了月子保母來家裡照顧老婆與澤澤，而晚上依然由我們夫妻倆來照料孩子，直到隔天的早上。鬧鐘響了，伸手摸了摸櫃上的眼鏡，戴上後轉頭一看，老婆坐在床頭，倚靠著枕頭，抱著澤澤在餵奶，瞇著眼睛一臉憔悴的模樣。我關心問道：「老婆，怎麼啦？又整夜沒睡囉？」老婆小小聲說：「有啦！有大概睡了一下。」我趕緊坐起身：「那兒子起來幾次啊？」老婆想了想：「嗯……三次吧，大約每二至三個小時就醒來一次。」我說：「那老婆怎麼沒有叫我？」老婆打了一個很大的哈欠說：「沒關係啦！你白天還要上班，讓你多睡一下。」我抱了抱辛苦的老婆：「保母等一下就來了，你再多睡一下喔！」老婆點點頭又閉上眼睛，抱著澤澤繼續補眠。

拿起公事包，回頭看著整夜奮戰而疲累不堪的老婆，實在是心疼不已。只是，當天晚上又加班了。

一個人的緊張與無助

回到家已經超過八點的我，一打開房門，立刻感受到老婆熱切又期盼的眼神與笑容：「你終於回來了。」我關心問道：「妳吃飽了嗎？」老婆說：「吃過啦！保母也有煮你的份，趕快來吃吧！」我上前看了看沉睡中的澤澤，回到老婆身邊並肩坐著。「保母幾點走的？」我問。老婆：「大概六點半吧！兒子就一直睡到現在。」我說：「不錯喔！」老婆接著說：「但是從保母離開到你下班回來的中間，我好緊張喔！」我關心地問道：「你緊張什麼？」老婆說：「怕兒子突然醒來哭啊！然後找不到原因，我會好慌、好害怕。」我說：「但是，每次兒子哭了幾乎都是你在處理啊！我也沒有幹嘛。」老婆看著我：「你在旁邊陪我，我們可以一起討論、一起找方法，讓我比較有種安心的感覺啊！」

看到老婆整夜餵奶的辛勞，還有單獨面對孩子的無助，於是我下定決心要在保母不會來的週日，獨自負起照顧孩子的責任，讓老婆可以放心地全然休息。

原來我可以照顧孩子

「沒有關係啦！還是可以把澤澤放在房間裡啊！」老婆看著抱孩子的我。「真的！你要相信老公啊！」其實我的內心依然有點忐忑不安。

把澤澤放在客廳的小搖床上，「你在這躺著，爸爸去幫你溫奶喔！」到廚房打開冰箱，拿出澤澤的早餐。用溫奶器加熱的同時，似乎是兒子聞到味道了，依稀傳來哭泣的聲音，我慌亂地邊弄奶瓶邊大喊著：「來囉！爸爸弄好啦！要抱抱喝ㄋㄟㄋㄟ囉！」

坐在沙發上，喬了一個彼此都默許同意的位置後，開始專心地餵著。我專心且仔細地看著澤澤，細到連所有的五官輪廓，都被眼睛掃描器給存檔畫面到大腦之中。此時，心裡想說，照顧孩子也沒有那麼難嘛！屁股上的尾巴似乎翹了起來。

正當得意之時，澤澤突然嗆了一聲，把奶給吐了些出來，然後大哭了。急忙地擦拭了他的嘴角與衣服，拍拍澤澤的背：「乖，沒事了。」再把奶瓶放置澤澤的嘴邊時，他開始哭鬧地抗拒著，強烈表達出他不要喝的意願，而我卻慌了手腳。「怎麼不喝了呢？爲什麼？那兒子要幹嘛？」一堆千頭萬緒在腦中不斷地發出疑問。檢查尿布，沒濕啊！檢查屁股，沒髒啊！摸額頭，沒燒啊！正晃著澤澤不知所措的在客廳繞圈圈時，突然靈機一動，再度放進小搖床上，幫澤澤換了件衣服。神奇的事情發生了，澤澤停止了哭泣，瞪大雙眼看著我。此時，我再把奶瓶放回他的嘴邊，澤澤又繼續閉起雙眼，專心地喝著奶。原來，是濕掉的衣服讓澤澤感覺不舒服啊！

隨後，澤澤喝飽了，也在我的懷中慢慢睡著。這一次的成功經驗，也讓我更有信心，即使面對無法溝通的嬰孩，只要有心去嘗試、願意去找到習性、堅持去摸索規律，絕對有方法來照顧孩子。而非聽到哭聲就兩手一攤，高舉交給老婆。

一整天下來，餵奶、哄睡、拍嗝、洗澡等，每一件事情都成功了，一掃孩子出生之前對自己的不確定感，更奠定了願意花時間來照顧孩子的基礎。因爲我知道，原來我是可以照顧孩子的。而其中最有成就感的地方，就是不需要老婆，用專屬於我的方式來哄孩子睡覺。

孩子在我懷中睡著的感覺，實在是太美好啦！

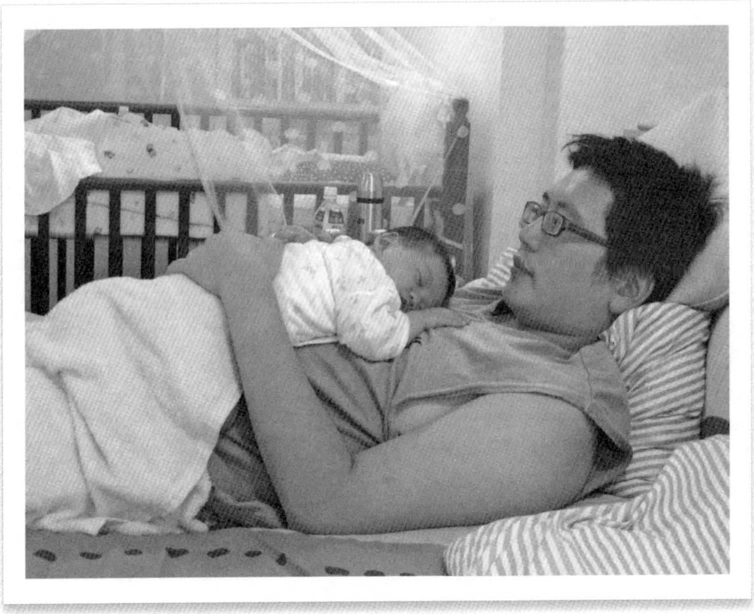

照顧孩子最有成就感的地方，就是不需要老婆，用專屬於我的方式來哄孩子睡覺。孩子在我懷中睡著的感覺實在是太美好啦！

爸爸今天不加班

男人的責任與承諾

「爸爸，你什麼時候要回來？」電話那端的澤澤問我。

「嗯……爸爸工作還沒做完，今天會晚一點喔。」

「不要，我要爸爸現在就回家。」

「還不行啦！你跟媽媽先吃飯喔！」

「那……再一分鐘，爸爸就要出現在家裡喔。」

「哈哈，即使我現在下班，也沒有辦法這麼快呀！」

「那要多久？五分鐘？六分鐘？你昨天明明答應我要回來陪我玩的。」澤澤撒嬌著。

「澤澤乖！爸爸答應你，只要一弄完就立刻回去陪你喔！」

「好啦！」澤澤無奈地答應。

我掛上電話，再度埋首於工作之中，只求可以盡快下班回家，擁抱我的家人。

工作，是一個男人尋找成就感的場所；職稱，是一個男人辛苦過後的甜美果實；經濟的擔子，是一個男人負責任的展現，我當然也不例外。於是乎，在職場上追求表現，甚至加班或是利用假日的時間，準備隔天開會要用的資料，這些都是再正常不過的事情。畢竟，男人就是要在外打拼事業，努力地追求這一切，期許可以給家人一個更好的生活，也是在婚禮時答應過妻子的幸福承諾。

原本深信不疑的真理，就在澤澤來到世上的那一刻開始，我疑惑了。

各種身分的衝突與混亂

我們的生活增添了一個小生命，當滿懷喜悅抱著澤澤在懷裡時，心中也會不經意地擔憂起未來可能的所有花費。然而，一天的時間就這麼有限，陪伴孩子與工作賺錢的選擇不斷地在現實裡衝突著。有時，幫孩子洗澡的時候會想著公事；偶爾，孩子找我玩的時候會分心打著電腦；幾次，屬於家庭的放假日還必須要閉關在家準備開會資料。

孩子越來越大，也更需要我們的陪伴時。面對孩子，有陪無心；面對工作，有心無力，變成兩邊都很混亂。於是，我時常在思考著，工作、家庭與自己之間，到底要如何才能取得平衡？

找到心中的優先順序

我不斷地問自己，工作賺錢的目的到底是什麼時，最後心中得到了「現在拼命工作賺錢＝未來可以不用爲錢煩惱，然後有時間好好地陪伴家人」的答案後，有如當頭棒喝一般，驚覺到爲何我要繞著遠路，期許未來而忘了當下呢？

既然最終的目的是爲了要陪家人，爲什麼不現在就好好把握與孩子相處的每個階段呢？而且眞的等到那個時候，搞不好孩子都上高中、大學了，此時的孩子，正是要張開翅膀去飛翔的時刻，而非被迫綁在爸媽身邊，讓他們彌補忽略孩子成長過程的遺憾。

孩子從出生、會翻、會爬、開始扶東西走路、發出第一個音和進入幼兒園等。每一個時段，都彌足珍貴，過去了就眞的沒了。未來一回頭想要伸手去抓，再多錢都是追不回來的。況且，與孩子實際地相處過後，就會知道所謂的物質生活，其實都是我們想要給孩子的。孩子要的只是很簡單的陪伴。有爸爸媽媽在旁邊，在公園玩免費的沙子都會覺得很好玩。有爸爸媽媽在旁邊，到玩具店玩樣品都會覺得很開心。有爸爸媽媽在旁邊，吃著路邊攤都會覺得好美味。

有了這個醒悟，我試著找到內心的優先順序，努力地在生活中維持平衡。

我的優先順序

1. 家庭：檢視所有工作，週間以不加班爲前提，回到家後就陪伴孩子。可以陪孩子玩、幫孩子洗澡、講睡前故事等。同時培養親子感情，也可以讓老婆休息。如果眞的有事情要做，至少陪孩子一個項目，讓孩子每天都有與爸爸相處的時刻。最重要的是在當下要心無旁騖、不想公事、不打電腦、不滑手機跟平板。

因爲陪伴的意義就是眞心的跟孩子交心，而非人在心不在的相處。

2.工作：在忙碌的科技業上班，套著責任制的緊箍咒，還是要努力地以不加班爲原則，盡量在上班時間之內，快速且完善地做完該做的事情。至於上班時間沒弄完而帶回家的工作，都是趁著孩子睡著後才打開電腦繼續處理。即使眞的有加班的需要，也是偶爾爲之，盡量不要成爲常態，切勿讓孩子習慣爸爸不在家。如果眞的沒有辦法，即使在週間都很繁忙，那至少在假日的時候是全心與家人在一起喔。

3.與老婆的時間：晚上趁著孩子睡了，與老婆泡杯茶，一起坐在客廳裡聊天，聊聊今天發生的事情，也會在這個時候溝通孩子的所有狀況。

4.自己的時間：最後順位才是我自己的時間。偶爾我也會有想要獨處的放空時刻，像是跑步或看電影。雖然次數不多，都會先跟老婆討論，然後在孩子睡著之後才去做。

把孩子與家庭當做第一優先順位的我，或許會少了自己的時間。但這幾年下來，眞正感受到的是，孩子所帶來的快樂遠遠超過了其他。

看到孩子在下班回家後奔跑過來的擁抱；

看到孩子與我一同吃晚飯的笑容；

看到孩子在洗澡時開心地跟我分享著，每一天發生的小事；

看到孩子與我玩著大野狼的遊戲而一起躲在被窩裡嘻鬧著；

看到孩子因爲我講的睡前故事而笑得東倒西歪；

看到孩子半夜突然大哭了起來喊著：「爸爸抱抱」；

看到孩子跑進學校的身影，直到看不到了才依依不捨的離開；

看到孩子因爲我們的陪伴而渡過了上學種種的不適應。

當這些一般都是媽媽轉述的事情，在「爸爸今天不加班」後，有了深刻的親身參與，才會有如此深切地感動。而擁有了這些之後，會覺得依照優先順序所做出的決定，一切都是值得的。有了孩子，有著太多太多的第一次，太多太多無以取代的回憶。錢，再賺就有了；時間，擠一下也會有。但是與孩子之間有著保存期限的共同回憶，過了就眞的沒了，畢竟與孩子親暱在一起的時光，也只有這幾年而已，不是嗎？

爸爸今天不加班

身爲上班族爸爸們，其實也是挺難爲的，因爲我們都身兼許多角色，是上司、是下屬、是老公、是爸爸、是自己、也是一家之主。男人責任感的驅使，很想把每個角色都做到最好，但有時卻顯得力不從心。所以每位爸爸都應該要有生活中的優先順序，然而這些順序是沒有對錯的，重點是在「選擇」。選擇了，與老婆溝通後達成共識。接著，就是夫妻倆互相扶持與體諒，再一起共同攜手向前進。

或許有時因爲現實的種種因素而有著許多的無奈，那就趁著有空的時候，好好地把握與孩子相處的每一刻，跟孩子大聲說：「爸爸今天不加班」，讓孩子知道與爸爸在一起那無與倫比的樂趣喔！

一般都是媽媽轉述的孩子瑣事，在「爸爸今天不加班」後，有了深刻的親身參與，才會有如此深切的感動。有著太多太多的第一次，太多太多無以取代的回憶。

工作賺錢之外，能爲孩子做些什麼

「ㄟ——ㄟ——ㄟ——ㄟ……老婆，她哭了！」我那位剛當新手爸爸的朋友，雙手打直，高高舉起著才幾個月大的嬰兒大聲呼喊著：「快！快！快！我要罩不住了。」只見他老婆，快速地從廚房奔跑出來，「我來了！我來了！」一手接過了孩子，輕聲地哄著：「媽媽在這裡！剛剛是爸爸啊！給爸爸抱一下嘛！」

媽媽懷胎十月，與孩子一同經歷了「共生」的階段，我中有你且你中有我，建立起不可分割的情感相連。但爸爸並沒有，很多爸爸除了聽聽心跳與感受胎動之外，多半還是過著與平常無異的生活，不會反胃，不會不舒服，想去哪就去哪，跟孩子的相連悸動並不大。而孩子出生後，只覺得生活當中多了一個與自己搶老婆的人罷了！

於是乎，媽媽會想盡辦法來適應孩子的需求，努力地嘗試方法來配合孩子的生活。然而，當媽媽把寶寶抱給爸爸照顧時，孩子笑臉盈盈坐在大腿上時絕對安然無事，但只要遇到寶寶哭了、該換尿布了或要哄睡了，有些爸爸不知道如何處理與應對時，馬上雙手一攤，舉白旗投降，立刻向老婆發出求救訊號。

如果想要培養爸爸與孩子之間的情感，讓老公增加照顧孩子的頻率，其實，最重要的是媽媽需學會放手。

以爸爸的特點來陪伴孩子

自從老婆知道原來我是可以照顧孩子的，只要經過一整天的疲憊不堪，我一下班回家後，就會全然地放手讓我來負責孩子的事情。當然，一開始不可能全部上手，像餵奶、煮副食品、陪睡等依然需要依賴媽媽的事之外，先找尋我可以做的。從最基本的換尿布、洗屁屁與洗澡開始，再以爸爸的特點來陪伴孩子。

我偶爾也是挺孩子氣的，那就陪著孩子玩耍吧！像是拉手跳舞、丟小球給他、坐在大腿上騎馬以及變成超人到處飛行。我的力氣比老婆大，需要苦力的時候，當然由我出馬囉！像是出門時用背巾背著孩子、孩子想被抱高東看西摸以及當個隨扈，跟在到處探索的孩子身後。還有，當老婆或孩子需要我的時候，一定盡力陪在身邊，像是打預防針時請假，以及老婆心情不佳時的安慰與接手照顧孩子。

漸漸的，我在孩子身上看到了改變。原本抱著的時候都哭著找媽媽，後來反而會主動快速地向我爬過來討抱抱；會主動拿球來放在我手上，要我陪他玩；一坐上我的大腿，會自動像騎馬一般搖擺起來；更大一些之後，想出門了，還會自己拿背巾對我說：「背，背，走。」

讓我深刻地體會到，沒有陪伴就沒有情感的眞理。

而所謂媽媽的放手，就是做到眞正的信任，嘗試將爸爸與孩子留在同一空間裡，使老公不得不去做。還有不碎念、不責備。只要爸爸有做到及格標準，甚至孩子安然無恙即可。最重要的是相信老公一定可以的。因爲，如果當我在照顧孩子時，老婆像主管一般的盯著還外加碎念：「吼！不是那樣啦！」或是一直說我哪裡做得不對，「你到底會不會幫孩子洗澡啊？」當下老公的心中只會有一個想法，就是「那不然妳來處理啊！」接著就會越來越不想照顧孩子了。

畢竟，一做就被責備，任誰都不喜歡吧！

我是孩子的爸爸，不是提款機

爸爸是男孩第一個男性的模仿對象，是女孩第一個異性的依賴角色。深知爸爸的角色對孩子的影響極大，期望澤澤長大後能成爲一位愛家、會照顧家的丈夫，更希望花寶長大後可以選擇一位疼她、把家庭列爲第一優先的另一半。從我自己以身作則開始，當他們的榜樣，不斷地參與照顧孩子的生活瑣事。不把「沒辦法啊！他就是不讓我抱」、「我就是搞不定孩子」、「我上班已經夠忙了」這些藉口與理由掛在嘴邊，把一般爸爸們認爲絕對沒辦法的孩兒事，心甘情願地做到最好。

因爲，我是孩子的爸爸，期許在成長的道路上和澤澤跟花寶玩在一起、笑在一塊、聊在一起，而非只是提供物質金錢的提款機。

現在澤澤和花寶大了，與我之間也沒有絲毫的隔閡。我們從照顧跟被照顧的角色，昇華成彼此相依的親暱關係。我與澤澤一起看NBA籃球賽，為喜愛的球隊吶喊；我跟花寶一起玩扮家家酒的遊戲，在玩樂中歡笑不止。我跟他們有著如此親密且貼近的關係，我想，就是因為從小到大不斷地有專屬於我們之間的情感累積吧！

放手，讓孩子嘗試與練習

偷偷地練習

「爸爸，我要去練習一下喔！」

有一段時間到學校接澤澤下課的時候，都會希望我們等他一下，讓他練習拉單槓。

起因是剛開學沒多久，澤澤突然問我一個問題。
「爸爸，你會拉單槓嗎？」
「嗯，可以吊著一下子，但撐不久。」
「你會爬上去，然後用腳勾著倒吊的那種嗎？」
「你說的這一種喔，嗯……爸爸完全不會耶！」
「我好想學喔！但我都不會。」澤澤沮喪地說。

原來，每堂下課在操場玩，很多同學都會拉起單槓，爬上去再用腳掛著，讓整個身體倒吊，而澤澤往往都以失敗收場，不僅是無法倒吊，甚至撐著身體一下子，手就沒力而落地了。

沒想到，從那一刻開始，在澤澤的心中，燃起了想要練會的決心。於是，之後的每一次放學，澤澤都會要求我們等他一下，一次又一次的練習拉單槓。

至於爲何是放學後練習呢？因爲想在同學沒有看到的時候偷偷練。

「堅持」與「再試一試」

「這麼危險，不要爬了啦！」、「不會就算了啦！掉下來撞到頭怎麼辦？」或許許多家長會因爲安全的考量，擔憂孩子可能會掉下來受傷，進而阻止孩子，不讓他做這個看似危險的舉動，只因爲害怕他會跌下，擔心會受傷。

孰不知，阻止孩子想要嘗試與練習的心，其實也壓抑了孩子「堅持」與「再試一試」的勇氣與決心。

安全的範圍內，學習放手

當澤澤跟我說：「爸爸，我要去練習一下喔！」即使我的內心是擔心與害怕的，但還是回答：「好啊！」不過，我會陪著澤澤一起過去，先確定下方有安全防護後，接著我會站在距離澤澤大約一步之遙，確保當澤澤有意外發生時，我可以跨一步就接住他。在安全無虞之下，放手讓澤澤嘗試與練習，也順道教他如何抓好與握好。

因爲當孩子越大，我們應該要教孩子，面對危險時要如何保護自己，而非一昧地阻止孩子靠近危險。況且，阻止孩子嘗試，難道就不會偷偷地在我們背後試嗎？

隨著一次又一次的練習，澤澤終於練會拉單槓且用腳吊掛在上面了。看著澤澤充滿自信且得意的成功表情，我知道了，這個「堅持」與「再試一試」的勇氣與決心，已經在澤澤的心中萌芽，長大後，一定可以用這些能力來面對各種困難，達到他定下的目標。

當孩子越大，我們應該要教孩子，面對危險時要如何保護自己，而非一昧地阻止孩子靠近危險。

陪著孩子一起難過

老師的報告

「放學啦！」站在校門口，隔著鐵欄杆，看到了背著書包，向我迎面走來的澤澤。他點點頭，輕輕地「嗯」了一聲。察覺到澤澤的心情不佳，關心問道：「怎麼啦？老師的報告還沒有搞定嗎？」「唉！」嘆了一口氣的澤澤，接著說：「今天真是個悲慘的一天。」我問：「是喔！怎麼個慘法啊？」

前一天課堂上，澤澤在老師講課時跟同學說話，由於是累犯的關係，被班導師要求要寫份報告：「下一次想講話時該如何避免」，還要想出三個方法。今天澤澤提出幾次都被老師退回，甚至被要求下課不能去玩，要在教室裡繼續想，難怪看起來如此之悶呢！

當聽到孩子被老師處罰，我們可以責罵孩子「那你幹嘛要講話呢？難道就不能忍一下嘛？」「你眞的是很長舌耶！再愛講話就把舌頭剪掉」。或是跑去學校幫孩子解決「老師，有必要這樣處罰嗎？」「你是不是在刁難他？」。

其實，不管是責罵孩子還是跑去學校，內心都是心疼他的。了解過程之後，看著孩子傷心且鬱悶的臉，或許，我們可以陪著孩子一起難過就好了。

陪著孩子一起難過

「聽起來今天眞的很慘，辛苦啦！寶貝兒子。」我摟著他的肩膀安慰著。

「唉……明天還會更慘。」澤澤彎著腰，一臉沮喪的模樣。

「是喔！怎麼說？」

「老師要求我明天一定要寫出報告。」

「哇！明天還是想不出來該怎麼辦啊？」我也著急了。

「不知道，我該想的都想過了，老師都說我沒有想到重點。」澤澤頓了一下，突然啜泣了起來「怎麼辦啦？我不想再被老師罵了，我幹嘛要上課講話啦！……嗚哇……嗚……嗚嗚……」

此時，我沒有講話，只有緊緊的摟著澤澤在懷中，聽著他的哭聲，摸著他的頭，順著他的背：「好，爸爸知道，爸爸知道。你哭吧！爸爸陪你喔！」直到澤澤收起了哭泣，默默地擦拭了眼淚，緩緩抬起頭來跟我說：「爸爸，晚上跟我一起想。好不好？」我溫柔地笑了一下，點了點頭說：「好啊，那有什麼問題。」父子倆牽起了手，我對澤澤說：「走吧！回家休息一下再想囉！」「嗯！」心情略爲平復的澤澤應著。我再看著他的眼睛，肯定的語氣說：「加油！爸爸相信你，明天一定可以辦到的。」「好！」澤澤也彷彿信心十足。

陪伴，讓孩子更加勇敢與堅定

我們常因解決不了的事情而眉頭深鎖，或是因長官給予的壓力而煩悶不已。而那個緊張、難過、不高興的心情，或許喝個酒、跑個步、吃個大餐就會比較舒坦，但如果這個心情不好的時刻，有個最愛、最親近的人能夠陪在我們身邊試著感受心情、與我們一起難過、聽著我們一同訴苦、並且相信我們一定可以做的到。如此，我們的心，絕對會更加勇敢與堅定。

我們是如此，孩子也是如此。很多狀況，都需要他們自己去面對，不斷責罵孩子既無濟於事，只會讓他越來越沮喪罷了；凡事幫孩子出頭，只會減少他處理問題的機會。

其實，孩子難過的當下，我們要做的，只要陪著他一起難過就可以了。

2

工作與家庭的平衡

因忙碌而總是對孩子說「等一下」

出差也可以陪伴孩子

當下好好觀賞孩子的表演

不管多累，每個狀況都是教導孩子的最佳時機

大家都在補習，我的孩子也要補嗎？

「唸故事書」是親子交流的最佳起點

擔任學校的愛心家長

因忙碌而總是對孩子說「等一下」

總是說「等一下」的我

「爸爸，我好渴喔！幫我倒水。」「好，等一下喔！」我打著電腦回應。站在一旁的花寶沒過多久又開口了：「爸爸，好了沒？可以幫我倒水嗎？」我繼續處理工作上的事情，眼睛盯著螢幕說：「好，再等我一下喔！」花寶又等了一會兒，有點哀怨地說：「爸爸，到底好了沒啦！」心思滿滿在工作上的我，依然隨口應著：「快好了，快好了。」又過了一會，已經不耐煩的花寶，直接用手遮住我的雙眼鬧了起來：「吼！我等好久喔！爸爸你都不理我。」被遮住視線的我，也很不高興的說：「就跟妳說等一下了，妳是不能等我喔？」，花寶回：「但爸爸只會講『等一下』，都沒有幫我倒水。」眞是一句話點醒夢中人啊！

正在忙碌的當下，由於專注於眼前的事情，不斷地說「等一下」把孩子的要求往後延。況且這個「等一下」是個很空泛的概念，可能我的等一下很長，而孩子的等一下很短。或是爲求耳根子清靜，隨著孩子每一次的開口，而立刻放下工作前去幫忙處理。像是花寶向我告狀著哥哥：「爸爸，哥哥都不借我玩具。」我說：「好，爸爸幫你去跟哥哥說。」然後把屬於孩子們之間的糾紛快速地做了裁決。

其實，有時孩子找我們，只是希望我們眞心地聆聽與回應罷了。

爸媽是否要立刻處理？

我們理所當然有該忙的事情要做，但不是只做自己的事而不幫助孩子，也不是孩子一叫就去。而是清楚地定義出當孩子找我們幫忙時，哪些事情是需要立刻處理的。

如果每一次孩子之間的糾紛，都因爲孩子的告狀而立刻上前處理，給出裁決，我們會發現，往後反而會有無數次的告狀隨之而來。況且，孩子們會因爲我們的介入，反而不知該如何應對各種的人際相處。畢竟，每次都是由爸媽幫忙處理的啊！

而判斷是否要前去處理的定義有：

1.具有急迫性的要求時。「爸爸，請幫我擦屁股。」「爸爸，水打翻了！」在孩子能力尚未能及且眞的需要我們立刻處理的事情，我們還是乖乖地放下電腦起身吧！

2.有安全上的疑慮時。「爸爸，哥哥打我。」「爸爸，快來幫我，東西打破了。」不管是孩子自身的狀況還是與他人的玩樂相處，當發生有安全上的疑慮時，要立即起身上前制止，並教導孩子們正確的相處言行與如何才能保護自己。

3.當孩子的情緒是高漲時。孩子們之間的紛爭，有任何一方的情緒高漲到要失控時，我們要做的並非當裁判，而是上前緩和雙方的情緒，讓他們回歸到可以討論與溝通的平穩情緒即可。

除此之外，我多半會先處理完自己的重要事情再去找孩子。而我們無需立即處理的時候，只要先眞心的教導孩子與回應孩子，讓孩子知道我們有聽進他的話語即可。

回應且教導孩子該怎麼做

我打著電腦，原本在跟哥哥玩的花寶一副哀怨的模樣，緩緩地走到了我的身邊。我先看了她一眼，看到她的表情就知道要來找我幫忙了，但既然妳沒說，我就先裝作沒有看到。花寶杵在我身旁一陣子後，看我沒有反應，便撇著小嘴開口跟我說：「爸爸，哥哥他說他不要跟我玩積木。」我一手把花寶抱了起來坐在我的大腿上：「是喔？哥哥爲什麼不要跟你玩啊？」花寶：「因爲他說那些材料他都要用來蓋房子，沒有多的可以給我用。」我反問：「是喔？材料都沒有囉？那怎麼辦？」花寶想要尋求我的幫助：「爸爸幫我跟哥哥講。」我說：「爸爸好想幫你喔！但是爸爸現在有事情在忙耶，妳自己講啊！」花寶搖搖頭說：「我不要，我要爸爸幫我講。」我鼓勵著：「可以的啦！哥哥這麼愛妳。妳就跟哥哥說我想要跟你一起蓋，好不好？去試試看。」把花寶放了下來，見花寶跑去跟澤澤講了幾句話，沒有多久，兄妹倆就和好一起蓋積木了。

「爸爸，哥哥他沒有問我就拿我的東西。」我回應著：「是喔！哥哥沒有問你就拿你的東西啊！那妳去跟哥哥說，這是我的東西請還給我。」「爸爸，哥哥他罵我。」我教導著：「什麼？哥哥居然罵妳。妳跟哥哥說，你這樣說我會難過，不可以這樣講我。」回應孩子其實很簡單，只需順著孩子的話講以及教導孩子該怎麼去做，讓孩子試著自己去應對，根本無需我們上前處理，孩子一定會做的相當棒喔！

給予孩子延後時間

「這是我畫給爸爸的圖，你看！」我轉頭過去看了花寶的圖一眼：「哇！畫得好棒喔！」花寶帶點驕傲的神情說：「我介紹給你聽喔！」我笑著說：「好啊！不過爸爸現在正在做重要的事情。」我抬頭瞄了時鐘，評估一下手邊正在進行的工作，繼續說：「再十分鐘，長針走到七的時候，爸爸就可以去找你囉！因為我想專心的聽妳介紹。」花寶抱著圖：「好啊！打勾勾喔！」「沒有問題。」父女倆打著勾勾。

即使無需立刻起身處理，若是我們一邊打著電腦或滑著手機，一邊跟孩子講話，孩子會感覺到我們根本沒有真心的回應他。我們可以看著孩子，答應一個可行的延後時間，這段時間內先專心處理公事。待時間一到，請務必堅守承諾。不然，相當守時的孩子一定會再回來找我們的。

當我正在處理的是不重要的事情時，像看網頁、逛社群網站時，只要孩子需要我，都一定會放下電腦與手機，立即跟著孩子過去，用實際的行動告訴孩子：「你在我的心中，比3C產品重要許多。」看著孩子專心聆聽，真心地回應，孩子一定會感受到我們的關心與溫暖的。

出差也可以陪伴孩子

爸爸要出差了

上班時，會不定時的出差，只是有了孩子之後，出差的時間是能短則短。畢竟我人在外地會很想他們，而且沒有一起照顧孩子，老婆一人對付兩個還無人可換手，可是相當辛苦的。只是這一次在老闆的指派下，出國一個禮拜看來是逃不掉了。

「爸爸，你要去哪裡？」我收拾行李時，澤澤問我。
「要去搭飛機到別的國家啊！」
「到那邊幹嘛？」
「到國外去參展啊！」
「那你晚上就回來了嗎？」
「哈，沒有那麼快啦！要去一個禮拜喔！」
「爲什麼要這麼久？我不想要你去這麼久耶！」澤澤嘟起了小嘴。
「爸爸也不想啊！」
「我要跟你一起去！」澤澤拉著我的衣領。
「沒有辦法耶！沒有你的機票啊！」
「不管，那，我要躲進行李箱裡，爸爸就可以帶我去啦！」
看到澤澤那小小的身軀，很努力地捲曲在行李箱中。整個塞好後，還側著臉露出可愛又開心的笑容，得意地向我展示他想出的超級好方法。

親子聊天的固定時間

出差當天，我與澤澤跟花寶來個十八相送，抱了又抱才離情依依又萬般不捨的出發了。抵達目的地後，展開忙碌的工作，馬不停蹄地一環扣著一環，第一天回到飯店都快十二點了，整個累癱，只想趕緊沖個澡然後呼呼大睡，充飽電後迎接新的一天。

「嘟、嘟、嘟……早安啊！」一早起來的第一件事，當然是跟老婆孩子視訊。

「昨晚你很忙喔！忙到都沒有時間跟我們講話啊！」老婆接通了。

「不好意思啊！晚上弄太晚了，想說你們應該都睡了，白天再打就好了。」

「你知道，昨晚兒子一直在等你喔！」

「是喔？啊！對不起啦！昨天真的太忙了。」

「我當然知道你忙啊！但是兒了可不知道，他一直在問：『爸爸呢？怎麼都找不到爸爸？』」

聽到這句話時，內疚感油然而生。我頓時明白了，對於孩子而言，他無法體會我們的忙碌，只會有我們當下沒有陪他的感受。

「兒子呢？我來跟他說。」

「幹嘛？」電腦畫面中的澤澤，似乎還在生氣。

「來！伸出你的小拇指。」

「做什麼？」

「先伸出來再說嘛！」

「嗯！伸出來了，然後呢？」

「爸爸要跟你打勾勾。爸爸答應你，出差的每一天，爸爸固定時間跟你們視訊，然後一天兩次。好不好？」

「真的嗎？好啊！」澤澤開心地笑了。

「嗯……但是又像昨天這麼忙怎麼辦？」澤澤想到了，繼續問我。

「爸爸一定會想辦法跟媽媽說，不會讓你在電腦前等的。」

「好，那我們打勾勾喔！」

既然孩子無法體會我們的忙碌，何不跟他約定一個可以聊天的固定時間呢？讓孩子感受到，我們出差再忙，與你聊天依然是一件很重要的事情。不要讓孩子覺得到大人一出差，就彷彿消失了一般喔！

分享出差的經驗

「YA！爸爸回來了。」打開門的那一刻，澤澤與花寶開心地向我跑來，往我身上跳了上來，一起相擁了許久，把這個禮拜的思念一次補齊。然後，抱起他們一起坐在沙發上，打開照片，與他們分享著我這一次的出差去了哪裡、吃了什麼、看到了什麼、經歷了什麼以及學會了什麼。

或許孩子會東問西講：「爸爸，這是什麼？」「啊！我也好想去。」試著用孩子聽得懂的方式跟他說明，與孩子分享我們所經歷過的一切。讓孩子參與我們出差時，發生過好玩、有趣或辛苦的事情。可能聽得似懂非懂，但這種心靈上的交流，會讓孩子有種彷彿我也跟著爸爸一起出差的心境。除了帶禮物給孩子，這種物質上的給予之外，嘗試讓孩子體會我們出差的時光，更能在關係上與孩子拉近，不會因爲這幾天的遠距離而有所疏遠喔！

因爲，物質的給予是一時的，關係的陪伴是一輩子的。只有分享與交流，才能永遠地貼近彼此的心，當然，孩子也不例外。搞不好，等孩子長大後，換他說給我們聽呢！

當下好好觀賞孩子的表演

孩子的表演

六月份，一個屬於離別的季節。當時澤澤要從幼兒園畢業，準備進入下一個階段。而每個階段的最後都會有個象徵性的活動——畢業典禮，為這一個求學階段畫下完美的句點。平時忙碌於工作的我們，當然要向公司請假，參與孩子的重要時刻。

由於每位畢業生都要上台表演，所以約在畢業典禮的一個月前，學校的老師就已經跟孩子們抓住在學校的每一個空檔努力地準備著，一次又一次的練習，只爲了有最棒的表演呈現給爸爸媽媽們觀賞。

典禮當天，我跟老婆很早就坐定位，期待著孩子的演出。一如往常，一些既定的流程之後，孩子們表演的重頭戲要來了。當我拿出手機準備要錄影的那一刻，我抬起頭一看，發現幾乎全場的爸媽們都跟我做著一樣的動作。從包包或口袋中拿出手機，低頭滑動手機至錄影模式，最後就是把手機放置在雙眼與孩子的中間。如果我站到會場的最後方，就會發現幾乎每個爸媽都用手機擋住了看孩子表演的視線，有的甚至用平板遮住了爸媽的整張臉。

此時，我忽然覺得，在如此重要的時刻，爲什麼我們只顧著看手機上錄影的畫面，卻忽略了近在咫尺的孩子們真摯的演出呢？

親眼所見的永恆感動

台上正在表演的孩子們，或許需要看著台下爸媽溫柔的雙眼跟微笑的臉龐，才可以降低緊張的情緒，但手機或平板卻遮住了爸爸媽媽的臉。而拿著手機錄影的爸媽，甚至需要從螢幕上面才會發現孩子在舞台上跟他們揮手，因爲爸媽的視線其實並不是眞正地在孩子身上。

孩子們努力的練習，最希望的應該是爸爸媽媽可以用熱切的雙眼，睜得大大地看著他們認眞表演的模樣。不管表演是好還是壞、有沒有跳錯或是忘記台詞，對於爸媽跟孩子而言，都會是個難忘且深刻的回憶。而非透過電子產品來觀賞，然後努力地在人群中卡位找出最好的角度，就爲了拍攝出一個只會看幾次就存封起來的曠世鉅作，但是卻忘記在當下就應該要好好地欣賞跟品嘗孩子們辛勤且準備許久的表演。

不管看幾次手機裡的影片檔案，都遠遠比不上親眼所見的永恆感動。

兩全其美的方法

當然，想要把孩子的每一刻都記錄下來的立意是好的，然而我們可以想一想，有沒有什麼替代的方法，讓我們既可以親眼看著孩子的表演，又可以把這一切都保存下來呢？

或許我們可以用腳架把攝影機架設在不影響他人的區域，或者是採用單手拿著手機的方式，然後把手機挪至身體的一側。而拍攝的視角就涵蓋大部分的舞台，不用一直想著放大縮小、運鏡的技巧或是孩子的局部特寫，只要確認有拍到孩子在當中就好。

當表演開始的時候，按下錄影的按鈕，然後爸媽就好好面對舞台，毫無阻隔的看著自己的孩子，專心、帶著微笑、細細地品味孩子所帶給我們一場無與倫比的精湛演出。我們在當下好好觀賞孩子的表演，相信孩子會表演得更好，也能帶給他們滿滿的成就感喔！

不管多累，每個狀況都是教導孩子的最佳時機

鬧鐘的鈴聲

「鈴……鈴……鈴……」今天早上的鬧鐘響起，澤澤很快地起身按掉，而一旁原本還在睡覺的花寶也被吵醒。昨晚加班熬夜，極度不想睜開眼的我，繼續賴著床，聽著他們在床上唱歌、玩玩具和爭執。

掙扎了一段時間後，心想設定七點的鬧鐘已經響好一會兒了，現在應該七點二十分了吧？默默地想說：「好啦！也該起來了，要送兒子上學了。」這才不情願地坐了起來，拿起手錶一看，眼睛睜大一驚：「什麼？現…在…還…不…到…七…點…」頓時心中湧起一陣惱怒。立刻轉頭過去，生氣地瞪著澤澤問道：「你有調過鬧鐘嗎？」看到我有些不高興的樣子，澤澤有點膽怯地點點頭。我問：「請問你爲什麼要把起床的時間給提早？」澤澤說：「我想早點起來玩。」我聽到他的回答，反而更加生氣的說：「早點起來玩？你把鬧鐘的時間提早，讓原本可以再多睡一點的其他人給吵醒，居然只是因爲你想玩！」怒火還沒有減少的我，只對澤澤說：「好！既然提早了，馬上穿衣服、吃早餐，我們也提早出門上學。」

生氣也別忘了機會教育

澤澤穿好衣服後，先到客廳吃早餐。而我的心情比較緩和後，坐在澤澤旁邊。

「兒子，你這麼早起來是想要做什麼啊？」

「我想玩爸爸新買給我的樂高玩具。」

「爸爸知道你超想玩那個的，但是你知道爸爸媽媽爲什麼會生氣嗎？」

「把你們給吵醒了？」澤澤低著頭。

「沒錯。不過，爸爸跟媽媽生氣的眞正原因，是難過你在做這件事情時，沒有想到我們。」

「想到你們？」澤澤問。

「對啊！如果你是一個人睡，鬧鐘響了，只有你自己聽到，那當然沒有關係。」我繼續說。

「但是，當這件事情會影響到其他人時，那就不是你想做就可以去做的囉！

你必須在做之前，先想一想每一個人。就像我們是睡在同一個房間，鬧鐘響了，一定會吵到大家，所以當你想要提早鬧鐘的時間時，如果有想到我、媽媽跟妹妹的話，就會想到我們想多睡一點，感受到我們想睡卻被吵醒的不開心。這樣，你至少會找我們討論，而不是自己想做就去做了。」

「我知道了。爸爸、媽媽，對不起！」

「當你想做一件事時，都會考慮到他人的感受時，我想，你一定會成爲一個既體貼又會照顧人的好男生。」我摸了摸澤澤的頭。「走吧！我們上學吧！」

教導孩子的最佳時機

因孩子所發生的狀況而生氣，把他過往的錯事一一翻出舊帳來碎念，其實只是在自我宣洩情緒罷了。說穿了，對孩子一點用處都沒有。

孩子本來就是以自我爲出發點來考量所有行爲，所以當狀況發生時，生氣念完之餘，等到心情平復了，還是要記得教導孩子。如此，孩子才能在每個狀況下，慢慢地學習與成長，更能體會他人，然後越來越棒。如果還要等到回家再講，或許孩子早就忘了，也早已錯過了教育的好機會。

不管多忙、多累或多生氣，每個狀況發生的當下，都是教導孩子的最佳時機。

當狀況發生時，生氣念完之餘，等到心情平復了，還是要記得教導孩子。如此，孩子才能在每個狀況下，慢慢地學習與成長。

大家都在補習，我的孩子也要補嗎？

補習風氣的普遍

我這幾年在台灣各地學校、公司與基金會到處演講，當中不乏許多國中的邀約，或是有直接面對國中生的家長與老師的機會，都會趁機聊一下現在國中生的補習狀況。統計下來，得知現在國中生補習是件相當普遍的事情（資源多的區域更是如此）。而大多數的孩子從國一就開始補習，而且一週補三天是基本起跳，每天補（五至七天）的也大有人在。我站在講台前問家長們……

我問：「你們的孩子一個禮拜補習幾天？」
家長：「四天吧！」（我一個一個問，這是最普遍的天數）
我問：「孩子補習都補到幾點回家呢？」
家長：「晚上九點。」（也有的孩子是九點半）
我問：「爲什麼要讓孩子上這麼多補習班呢？」
家長：「因爲想讓他們的成績好啊！而且班上的同學們都在補。」
我心想：「所以是同學們都去補習，那我的孩子也要跟著補的跟風與盲從嗎？」
我再問：「回到家後孩子都在幹嘛？」
家長：「吃東西、洗澡、上網、看功課。」
我問：「有與孩子相處的聊天時間嗎？」

家長搖搖頭：「幾乎沒有。有也只是確認功課與明天的考試。」

我想了想：「嗯……假日的時間呢？會安排與孩子的活動嗎？」

家長：「他們要上才藝課。不然就是跟同學出去。」（也是有家長會安排親子時間）

聽到這裡，我的內心輕輕地嘆了一口氣，雖然澤澤還沒到國中的年紀，尚未能體會安排如此多補習的心思與目的。但我想到的是，孩子一天至少十四個小時在外面，親子之間每天面對面的時間只有短短幾個小時而已。而這幾個小時內，往往爲了要趕著睡覺，趕著學業，而像處理待辦事項般一條一條匆促的打勾。如此的相處模式，親子之間怎麼會有品質，怎麼會有心與心之間的連結呢？

回到原始的問題，爲什麼要讓孩子補習呢？

擔心孩子輸了未來？

現在的孩子很幸福，從小就有許多才藝班可以接觸，有幼兒律動、兒童塗鴉等適合小小孩的課程。長大一點之後，就有更多選項了，像是運動類的足球與直排輪；邏輯思考類的積木與機器人課程；與韻律感相關的音樂與舞蹈，當然還有不可缺少的學術類課程，像是英文、珠算等。

於是，產生了一個奇特的現象，就是家長有如經紀人一般的，到處送孩子趕場。平日放學後，先送安親班再去英語班。假日的時候，早上練鋼琴、中午學積木、下午踢足球。一個接著一個，環環相扣，吃飯有如行軍打仗一般地不斷催促。

接著，每個課程，一開始都好好玩、好有趣，看著孩子滿心快樂的笑容，內心也覺得這筆錢花得値得。不過，隨著內容變難、需要練習的時間增加，孩子開始抗拒，爸媽不斷要求，然後「快樂學習」變得不怎麼快樂了。於是再逐一放棄，只留下爸媽覺得對將來有意義且有幫助的幾門課。

想要讓孩子上才藝班，除了一開始的鼓勵多方接觸之外，「擔心會輸了未來」的思維，也是原因之一，特別以英文爲主要代表。「他現在不去上，將來跟不上進度怎麼辦？」「大家都去補了，別人都比他厲害的話，恐怕會缺乏自信！」這個跟孩子到了國中之後，每科都去補習，希望每一科的成績都要好的思維是相同的。

其實，靜下心來捫心自問，我們自己有每一項才藝都樣樣強嗎？有每一個學科都樣樣精嗎？假使我們沒有，爲何卻要求孩子每一樣都要好呢？只因爲擔心孩子的未來嗎？

因爲擔心一個未知的未來，而減少最重要的親子時間，值得嗎？

家庭關係的重要

「爸爸，我想要假日的時候去學畫畫。」小二的澤澤跑來問我。

「是喔！怎麼突然想要學畫畫啊？」

「因爲某某某有去上啊！他說很好玩耶！」

「你知道是什麼時間嗎？你星期六早上已經有圍棋課囉！」

「是星期天下午，正好我們沒有事。」一副興致勃勃的模樣。

「這樣啊！不然圍棋跟畫畫你選一個吧。」我想了想後，讓澤澤自己選擇。

「爲什麼？兩個我都想上耶！」澤澤哀求著。

「因爲我不想要把最珍貴的假日都耗費在上課。」我回答。

「什麼意思？」澤澤沒有聽懂。

「假日的時候，我想要帶你們到外面玩啊！或是跟爺爺奶奶他們出去。如果星期六跟星期天都要上課，請問還有什麼時候可以跟家人相處呢？」

「嗯……沒有時間了。」澤澤搖搖頭。

「對囉！而且就算跟你們去公園，或是在家裡玩桌遊，都比帶你們去上課來得更有意思。因爲比起學東西，爸爸更在意與你們相處時間的多寡。」

「那……星期一到星期五的時間呢？」澤澤想了想，再次問道。

「可以去問問看幾點上課。但是，只要是晚於六點，那就不要了。」

「爲什麼？」

「因爲，爸爸更想要跟你們一起悠閒的吃飯聊天啊！而不是趕著吃飯，再趕去下一個地方上課。」

讓孩子學才藝與補習固然是好事，但不是什麼都碰卻什麼都不精，而是要先了解孩子，從與孩子相處的過程當中，找到他的興趣、發掘他的天賦、培育他的專才，發展出獨一無二且無人取代的能力，才是對孩子最棒的。

假使在學校之餘，孩子都在安親班、補習班與才藝班裡頭打轉，使得親子相處時間越來越少，試問我們該怎麼去了解孩子呢？因爲，只有陪伴，才有了解；了解了，才有共通話題；話題多了，溝通之門才會順暢。再從相處與溝通之中，找尋孩子的專屬亮點。

我們可以把這個問題怪罪到制度、政府、同學、老師、學校、社會等，但實際上把孩子送進去並付錢，正是我們爲人父母的。沒錯！大家的確都在補習，但大家都這樣，難道我們也一定要跟著盲從嗎？

當孩子越大，對他們而言，最需要的或許是課程以外的東西。讓孩子一整天的課表有留白時段，心才會靜下來思索未來。讓孩子接觸課本以外的世界，視野才會更加遼闊。

我們一定要學習思考，怎麼做才是對整個家是最好的，不要過度盲從於社會風氣與從衆行爲。遵循著內心的中心思想，堅持家庭關係比任何事情都重要的眞理。即使等澤澤與花寶到國中了，可能的確有補習的必要，但是我跟孩子相處的親暱時刻，絕對不可以減少。

畢竟，生命的價值，不在於是否最快走到終點，而是回過頭看，一家人一同經歷了多少的足跡。

「唸故事書」是親子交流的最佳起點

「爸爸，唸故事書給我聽。」花寶從書櫃拿了一本書，咚咚咚地跳到我的身上。一般而言，除非正在忙很重要的事情，只要澤澤與花寶想要我講故事，我一定會放下手邊的所有事。無論是準備要上班，或是剛下班回到家，甚至滑著手機與轉著電視，我都願意起身來放下手機與關掉電視，花個五至十分鐘講給他們聽，一同隨著故事而手舞足蹈，充分享受著滿是歡樂的親子時光。

其實我從澤澤與花寶近一歲左右，就開始試著講故事給他們聽了。

「老婆，晚上睡覺前，除了幫澤澤洗澡之外，還有什麼事是我可以做的啊？」

「嗯……我想想喔……你要幹嘛？」

「沒有啦！只是每次幫兒子洗好澡、換完衣服後，就交給妳安撫睡覺了。想說，現在兒子長大啦！都快一歲了，想要多跟他增加互動罷了。」

「不然，你陪他玩啊！」

「ㄟ……老實說，我還真不知道該怎麼跟他玩耶！」我不好意思的說。

「那……你講故事給他聽好啦！」

「兒子才十一個月，就可以講故事給他聽喔？」

「應該可以吧！你就試試看囉！」

於是，睡覺前，抱著孩子唸故事書，成了每天的例行公事。

講故事的重點

一開始講給十一個月大的澤澤聽時，內心滿是挫折，因爲他會動來動去地不受控制、還沒唸完就自顧著亂翻頁，或是才開頭講沒幾頁，就轉身跑走去摸其他的東西。我把他硬抱回來固定在大腿上，就開始大哭叫媽媽，然後依偎在老婆身上，淚眼汪汪看著我，似乎對媽媽告狀我的種種不是，好幾次眞的很想放棄算了。

我嘗試了相當多的書，直到陪澤澤看了一本很簡單的翻玩寶寶書。只有一點點的文字，「來，是誰躲在衣服後面啊？」接著就有一個讓澤澤翻紙張的動作，在該頁把衣服的部分翻開，看到後面躲藏的小動物。此時，我看到了唸故事書給澤澤聽以來，從未看到的笑容。原來，講故事不是我講他聽，而重點在於親子彼此的參與。

後來，依照孩子的年齡與發展，找到最適合他們當下的故事書給他們。像一歲左右，可以短短的互動書爲主，有翻動、找東西、指圖片等；之後，慢慢地轉爲圖大字小、圖多字少，然後故事較簡單的書；再大一些，文字可以多一些，劇情可以再多元一點的書。

爲了吸引他們，我不會單純平鋪直述地唸著書上的文字，會有抑揚頓挫、有表情、有肢體動作，像是一個簡單的故事，如三隻小豬，大野狼跟小豬的語調是不一樣的。單純一個「敲門」二字，我會先敲著書本或是床頭，眞的發出「咚咚」的聲音，再用大野狼的語調說：「我要把你吃掉，趕快開門。」接著，不管是吹垮稻草屋或是倒退衝刺撞木頭屋，都會眞的很大力地吹出「呼——」，跟小小手刀往前跑，「蹦……」的模擬聲。讓孩子聽的津津有味、身歷其境一般，也更加喜歡聽我說故事了。

後來，「聽爸爸講故事」漸漸地成爲了一種習慣。當我們買了一本童書回家，花寶立刻大喊：「爸爸，講故事給我聽。」從學校拿了一本故事書回來看，澤澤也會熱烈地要求著：「爸爸，講故事給我聽。」做完功課後，更會期望著「爸爸，講故事給我聽。」

講故事成爲睡覺前的固定模式，也變成一種孩子對我的親密撒嬌，更是專屬於我與孩子之間，相當重要的情感互動。特別是才正要牙牙學語，尚未能眞實溝通的孩子。聽著故事，可以學習語言；聽著故事，可以豐富想像；看著爸爸，可以培養感情。

還可以為他們講多久呢？

講故事給孩子聽，除了可以讓孩子愛上閱讀之外，或許，當我們滑著手機與看著電視時，孩子拿著故事書到我們面前，其實在傳遞著「爸爸，我要你陪我」的內心訊息。畢竟他們無法了解我們是在處理公事或放鬆，只知道我們的注意力都在那個小小的框框裡，不在他的身上。所以，除非眞的有很緊急的事情，花個幾分鐘的時間，給孩子講個故事，肯定是累積彼此情感連結的最好方式喔！特別是與小小孩增進互動的絕佳第一步呢！

孩子坐在我們的大腿上，躺在我們的枕頭邊，一起聆聽故事的甜蜜，一同參與的經驗，都會成爲我們與孩子之間的美好回憶。況且，澤澤現在已經小三了，許多書他都可以自己看了，也開始涉獵許多艱深的書籍了，我們唸給他聽的機會也越來越少了。珍惜孩子拿書到面前要求我們講故事的每一次，享受當下的親暱時光吧！

講故事不是我講他聽，重點在於親子彼此的參與。

擔任學校的愛心家長

澤澤小一開學的時候，班導師詢問家長們是否有意願擔任愛心家長，在週五的晨間爲孩子們說故事，因爲老師有會議要參與。評估一下自己忙碌的行程後覺得可行，於是回覆老師我有意願。與另外一位媽媽協調後，每隔週五的早上，開始要從躺在床上講給兩個孩子聽，轉變爲站在台前講給全班學生聽。

由於平時常常演講，所以對站在台上對觀衆講話的感覺並不陌生。然而，當面對的是一群一年級小朋友時，是種截然不同的體驗。因爲，孩子不會安靜，想插話就直接講了：「澤澤爸爸，不是這樣的啦！」孩子不會隱藏，不喜歡聽的會直接表達「好無聊喔！一點都不有趣。」「我聽過了，換別的故事啦！」孩子有時還會突然失控，太開心時直衝到台前，指著我手上拿的故事書「澤澤爸爸，你說的是這個對不對？」

於是，剛開始的時候，許多時間都處於管理秩序的狀況。「要講話的請先舉手。」「你聽過了，但別人沒聽過啊！」「好了，你們到後面去一點。」「全部先回座位上。」所以，深深覺得老師眞偉大。

甚至，那個最大聲插話、最頻繁舉手發問、最爆走的人，就是擔任小幫手，本應要協助我的兒子——澤澤。

擔任愛心家長的優點

有一次講完故事的晚上，我直接跟澤澤說。

「兒子啊，今天爸爸講故事的時候，我有點難過。」

「怎麼了？」

「爸爸正在講給大家聽的時候，你居然在跟同學聊天。」

「因爲我聽過啦！」

「我知道你聽過了，但，你是我兒子，爸爸在講故事的時候，你就站在我旁邊跟同學聊天，不就是告訴其他同學『不用聽我爸講』的意思嗎？」

「爸爸，我沒有這個意思啦！」

「我知道你不是故意的。下一次不管有沒有聽過，都要專心聽我講，然後要幫忙我喔！」

「好。我知道了。」

「太棒啦！小幫手。」我摸了摸澤澤的頭。

後來，與澤澤一起討論同學們會有興趣的故事書，遇到好玩的劇情就安排我們父子倆直接在台上一搭一唱地演了起來，還有讓澤澤擔任發問者，高舉著書對同學們提問或是找尋圖中的物品。讓一個聽故事的早晨，如同欣賞了一場小劇場般的精彩又好玩。

漸漸地，我了解到就是因爲他們的純真，所以才會毫無遮掩的想說就說、直接表達內心的感受以及不安於被釘在座位上。依循著孩子們的特點，找尋與嘗試會吸引他們的故事、提醒他們要尊重他人的必要以及增加趣味與資訊的傳達，而非硬性要求他們乖乖坐著。

同時，也讓班上的孩子們跟我是越來越熱絡了。「澤澤爸爸，我昨天……」

「澤澤爸爸，你看我寫的字很漂亮喔……」「澤澤爸爸，澤澤好搞笑喔……」一踏進教室，許多孩子就會蜂擁而上，開心地與我分享他們自己的事情，甚至會跟我訴說澤澤在教室發生過，而我並不知道的事情。

後來我發現到，原來擔任愛心家長，在孩子班上講故事，是有很多優點的。首先，我們可以了解孩子在班上的交友狀況，像是跟誰比較要好。或是可以認識到平時只聽過名字，而沒見過面的朋友們。還有看到孩子在朋友前的不同模樣，那個和家裡截然不同的面向。同時讓我們的孩子一起站在台前當小幫手，練習如何面對群衆說話與表達。最後，可以與老師較熟絡，進一步了解與討論孩子在班上的情形。

孩子以我為傲

該學期要結束，大家準備放寒假了。我講完故事後，穿上外套，背起包包。澤澤的班導師說：「來，大家跟澤澤爸爸說掰掰。」班上的孩子們大聲喊著：「澤澤爸爸掰掰。」我很開心的用兩手大力揮舞著：「大家掰掰，下學期再講故事給你們聽囉！」正當我轉身踏出教室時，突然聽到澤澤的爽朗聲音，對著全班說：「我不用等到下學期，我晚上就聽得到了。」我心想：「兒子……這不是當然的嗎！」

一開始，我也只是抱著「時間許可來幫忙」的心態。但沒想到卻深深地愛上這群孩子，也更喜歡澤澤那以我爲傲的成就感。所以鼓勵爸爸媽媽們，在忙碌的生活中，時間允許的話，可以到孩子的班上幫忙，選擇自己喜歡或擅長的事情，像是安全導護、協助事務或清潔整頓等。後來，花寶讀幼兒園時，我也自願擔任愛心爸爸，對更小的孩子講故事，迎接另一個挑戰。

當然，想要擔任愛心家長，還是要詢問一下孩子的意願喔！畢竟有些孩子不喜歡自己的爸媽一直在班上晃來晃去，然後在學校的隱私都被爸媽知道呢！要注意的是，擔任愛心家長的目的，是爲了協助學校與老師，一起讓孩子身處的環境可以更好更安全，然後以旁觀者的立場來了解孩子，而非介入孩子在學校的生活，甚至變成用來獲取祕密的手段喔！

擔任愛心家長，可以了解孩子在班上的交友狀況，還有看到孩子在朋友前的不同模樣，那個和家裡截然不同的面向。

3

用對方法，讀懂孩子的心

先說「情」，讓堅持的孩子打開心門

莫名的堅持

今天早上我對花寶說：「吃完早餐就要去換衣服囉！」她笑咪咪地說：「我想要爸爸幫我換。」我看了她一眼說：「嗯，妳已經會穿啦！自己去拿。」花寶撒嬌著：「我想要爸爸幫我，好不好？」我笑了笑：「好啦！那妳先吃。」花寶開心地說：「耶！爸爸最棒了。」

從房間出來，拿著衣服在她面前說：「妳要穿哪一件？」花寶指著其中的一件，我幫她換上後，突然想到「啊！忘記幫妳拿襪子了。」花寶：「爸爸回房間幫我拿。」我指著陽台：「沒有關係啦！陽台有昨天剛剛晾乾的，我去陽台拿。」才說完就往陽台走去。選了一雙她最喜歡的襪子，返回客廳後，就看到嘟著嘴巴，一副氣呼呼的花寶。我滿頭問號問老婆：「她怎麼了？」老婆一臉無奈的樣子說：「她說要穿房間的，不要陽台的。」我搖搖頭，知道有時候小姑娘會莫名地堅持在一個點上，決定先不起衝突，順著她回房間重拿一雙襪子。

回到客廳，我在花寶面前蹲下，一臉嚴肅的樣子說：「請妳好好用講的喔！下次再生氣，就請妳自己去拿，我不會幫妳。」花寶看了看襪子，再看了看我，一句話也不說。我說：「來，把腳伸出來，我幫妳穿。」等待片刻，花寶一副沒聽到我講話的模樣，一動也不動。我有點火了說：「這是我最後一次提醒，如果要爸爸幫妳穿，請把腳伸出來，不然請妳自己穿好。」花寶就像是木頭人般一點反應都沒有。這次，我真的生氣了。直接把襪子放在桌上，對花寶說：「現在請妳自己穿上，如果妳不穿，那就直接穿鞋子去上學。」說完，立即起身拿著包包，對著老婆說：「老婆，我們走吧！」

我跟老婆站在門口，而花寶依然坐在相同位置上，就像被施了魔法被釘住了一般，連一撮毛髮都絲毫未動半分。我心中嘆了一口氣：「唉！有時候只要花寶的情緒一上來，就真的是要比耐心的。」

面對孩子莫名的堅持、不解的情緒與無禮的反應，許多時候爸媽接著就爆炸了，接踵而來的就是威脅與恐嚇的話語，「你再不動作，小心我揍你。」「我問你都不回話，你真的是很沒有禮貌耶！」「你再不去上學，我去跟老師告狀喔！」特別是在趕著出門的匆忙時刻。其實，這只是孩子表達情緒的一種方式罷了，或許換個方法，孩子就會動作。用他聽得進去的話語，孩子就會開口。

與孩子講「情」

我看花寶坐在位置上不動，對她說：「花寶，爸爸媽媽先出門囉，我們在樓下等你喔！」接著，拉著老婆趕緊走下幾個階梯，沒有多久，就聽到花寶追上來的跑步聲。心想：「YES！花寶果然中招了。」我走了回去，花寶也跑到了門口，我蹲下來說：「妳要走了嗎？」沒有想到，她還是不說話。

此時，我壓抑著怒火，緩緩地說：「我知道妳在生氣，但妳要講話，不然爸爸眞的不知道妳要什麼？」接著說：「爸爸眞的很愛妳，所以我很願意幫妳。因爲愛妳，我願意去陽台跟房間幫妳拿襪子；因爲愛妳，我願意幫妳換衣服；也因爲愛妳，所以我願意聽妳說話。但是，就是因爲我很愛妳，所以妳不可以這樣對我。不可以這樣不理我，不可以什麼話都不說。如果妳也愛爸爸，請跟我說到底在生氣什麼，這樣，爸爸才可以幫妳，好嗎？」頓了大概兩秒，花寶終於點了點頭。我看她有反應了，問道：「可以跟爸爸說，妳到底在生氣什麼嗎？」花寶輕聲的說：「我想要穿房間裡的Hello Kitty襪子。」我小小翻了一個白眼：「原來是這樣喔！我知道了。」繼續說：「不過，現在已經太晚了，就穿爸爸幫妳拿的那一雙出門吧！下一次請在我要拿之前，先跟我講清楚，而不是說一句『我要房間的』，不然就是不講話。只要妳有好好講，爸爸一定會幫妳的，好嗎？」花寶坐了下來穿襪子說：「好。」

我們往往會對最愛的親人傾倒我們所有的情緒，特別是負面的，而孩子也是如此。「情緒沒有對錯，只是能不能被他人所接受。」所以我們更要教導孩子，我們是你們的爸媽，當然可以承接你的情緒，但依然是有底線的。還有最重要的，下一次應該怎麼表達會比較好，是我們可以接受的方式。

父女的相擁

到了學校，花寶換好室內鞋後，站在教室門口與我輕輕的擁抱一下，低聲地跟我說：「爸爸，對不起，剛剛不理你。我最愛爸爸了。」我也笑著回應：「爸爸也最愛妳了。」「爸爸掰掰。」父女兩隔著窗戶揮手告別。

有時候跟孩子溝通，眞的要「先說『情』，再講『理』」啊！因爲講理，容易故意無視，只有講情，才能聽進心裡。畢竟，家是個講情的地方，而家人之間，是靠著情感才能永久相繫在一起的。

爸媽當然可以承接孩子的情緒，但依然是有底線的。還有最重要的是教導孩子，下一次應該怎麼表達會比較好。

當孩子不願意聽從爸媽的時候，該怎麼做？

為什麼都要聽你的？

「媽媽，我想吃×××的漢堡。」一對母子坐在我旁邊。

「不要啦！那個不健康，不要常吃。」媽媽拒絕了。

「但是我真的好想吃喔！」

「媽媽不想吃那個。」

「爲什麼？我就是想要吃漢堡啊！」

「我們去看看其他有什麼啊！可以吃飯、吃麵啊！」

「我不要，我就是要吃漢堡！」孩子相當堅持的模樣。

「可以吃別的東西啊，排骨飯也很好吃喔！」

「哼！我就是不要，爲什麼都要聽你的。」

我偷偷看著他們，只見那孩子手交叉擺在胸前，嘟起嘴巴，腮幫子鼓得大大的，一副就是沒有商量餘地的模樣。我的餘光往一旁挪了一點，那媽媽不斷地好言相勸，提了許多的方案，想要孩子回心轉意，可惜那孩子只有死命地搖著頭。最後，終於點了頭的五分鐘後，孩子開心地笑著端了漢堡回到位置上。

當孩子的年紀漸增，當然越會有自我的意見。然而孩子是個尚未成熟的人，依然需要我們的指引與教導。當孩子不想聽爸媽的話時，我們要依循夫妻討論出來的規矩與孩子討論，絕對不行的事情，還是要堅持地堅守底線。因爲一定有些事情，是不需過於尊重孩子的。

孩子的自由與限制

沒錯，孩子是獨立的個體，所以我們要同理與尊重孩子。不過，孩子依然是個尚未成熟的人，需要我們給予規範與規矩來教導他。在孩子成長的過程中，父母一定要討論出一個共識，對於教養訂出大方向，而在教養規範的圈圈內給予孩子足夠的自由。

在美食街裡，有很多食物可供選擇，但對健康有影響的食物，需要經由父母同意，其他的讓孩子自由決定；孩子到公園玩，危險性較高的設施，需要父母在旁陪同注意，其他的讓孩子自由探索；孩子有哭鬧的權利，但只要是影響到他人，父母依然要強制把孩子帶走，而非大聲吵鬧到打擾他人。

我們要做到，尊重孩子而非放縱；同理孩子而非溺愛；傾聽孩子而非盲從。

當孩子不願意聽從爸媽說不可以的事時，請一定要溫柔且堅定地堅持我們所訂之規矩，同時先檢視我們與孩子的情緒，並試著找出雙贏的方法。

不要跟有情緒的孩子講道理

有一次，我去接上羽球課的澤澤回家。途中經過便利商店，澤澤停了下來，說：「爸爸，我想要買汽水喝。」我說：「你的水呢？喝水就好啦！」澤澤有點請求的表情：「但是我好熱又好渴喔！想要喝冰冰涼涼的飲料。」依照我與老婆所定的規矩。我只好明確地拒絕：「不行，渴的話，請喝水。」「爲什麼別人都可以喝，就我不能喝？」原來是剛剛看到同學在喝啊！我有些強硬地說：「別人是別人，你是你。」此時有些生氣的兒子，嘟起嘴巴、鼓起腮幫子說：「吼！爲什麼都要聽你的?」我看澤澤有些情緒了，只跟他說：「我知道你現在因爲不能喝汽水很生氣，等你生完氣了，我們再繼續講喔!」

當一個人有情緒的時候，會把耳朵給關起來，其實是聽不進任何道理的，即使聽了，也是左耳進右耳出。如果我們硬要跟有情緒的孩子講道理，只會讓我們覺得「你很盧耶!」「你眞的很不聽話。」「你是在跟我吵架嗎?」然後雙方越講越生氣，而原本沒有情緒的我們也變得不高興了!所以，不要跟有情緒的孩子講道理，只要先陪他發洩完情緒就好。

跳出「對」與「錯」的框架

「爸爸，我生完氣了。」我們站在路邊，直到澤澤跟我說了這句。「好，我記得我們有跟你說過，爲什麼不要喝汽水了吧!」澤澤哀怨地說：「因爲汽水對我們身體不好。」我說：「對啊！澤澤好棒，你還記得。特別是你剛剛運動完，要補充的絕對是水，而不是汽水。」澤澤有些沮喪地說：「我真的只能喝水喔？」我說：「水是最好的飲料啊！」我頓了一下，繼續笑著說：「不過，爸爸知道，我們都會有想要喝其他飲料的時候，就像你看到別人喝而自己也想喝一樣。」澤澤聽到有些轉機，立刻看著我點點頭。我比了比便利商店說：「除了汽水之外，可以去挑選比較好的飲料。」澤澤高舉雙臂呼喊著：「萬歲！」後來，我們挑選了運動飲料，並且帶回家加水才喝。

孩子的事情，很多其實都沒有對與錯的，單純只是雙方的希望與想法不同而已，而不是聽父母的才是對，不聽父母的就是錯。我們要跳出「對」與「錯」的框架，與孩子進行雙向溝通，提議或討論有沒有什麼方法，可以同時辦到我們與孩子的目的。在嚴厲之中有些寬容，保持充滿愛的彈性教養。

給予孩子有限制的自由

我們與孩子互動的過程當中，一定不斷地有彼此意見不同的衝突與拉扯。孩子聽話固然很好，但有想法也表示孩子正朝著有主見的個性發展著。所以我們要訂出家庭規距的範圍，給予有限制的自由。當孩子碰到線了，檢視雙方情緒、溫柔地堅守規範、進行雙向溝通、做到彈性教養。接著，隨著孩子越來越大，也越來越懂事後，再逐步地把範圍擴大。最後放手給孩子全然自主的自由，與孩子做眞正的朋友。

切勿與愛找理由或講刺傷人話的孩子，隨之起舞

「我不喜歡爸爸」、「爸爸不愛我」這些話都是花寶曾經在很生氣地與我對峙之時說過的。聽到這些刺傷我心的話時，還是會忍不住生氣了起來，即使知道她是故意說的。

語言能力強的孩子

一次，吃飯的時候，有些累的花寶整個橫躺在兩張椅子上，澤澤對花寶說：

「妹妹，妳躺在我的椅子上，我沒辦法吃飯。」我溫柔地對花寶說：「花寶，起來，讓哥哥坐囉！」花寶不看我，只有搖搖頭。我繼續說：「如果妳累了，爸爸抱妳去房間休息。如果妳要吃飯，就請妳坐起來。」花寶還是不說話。我加強了語氣：「妳要休息還是吃飯？如果妳都不回答，我會直接把妳抱起來坐好囉！」我看花寶就是不回答，直接上前用雙手架起，把她給立了起來。頓時花寶開始大聲哭鬧。我先試著安撫花寶的情緒，看她沒有停止的意思，立刻扛進了房間，陪著她哭完。

「妳哭完了嗎？」看似還在生氣的花寶點了點頭。「妳知道爸爸爲什麼要抱妳進房間嗎？」花寶回：「我好累喔！都是因爲哥哥不讓我睡覺啊！」我說：「跟哥哥沒有關係，我問的是，爲什麼我要抱妳進來房間？」花寶說：「哥哥可以坐其他的椅子。」我說：「妳有跟哥哥講嗎？請回答，爲什麼我們要進來房間？」花寶繼續說：「我沒有要進來，是爸爸抱我進來的。」我繼續問：「是啊！所以是有原因的啊！請妳回答，爲什麼？」花寶看似扯不開我要問她的問題，直接拒絕回答：「我不知道。」我更加強硬地說：「不能說不知道，一定要回答。」

我在等的同時，花寶也悶著不講話，頓時一陣寧靜。此時，花寶突然脫口而出：「我最愛的人，不在這個房間裡。」先前花寶對我說了類似的話時，都有跟她說過不可以這麼說。沒想到這次花寶居然用「反話」的意思，來擾亂爸爸的情緒，其實當下超想稱讚她的！

語言能力發展好的孩子，再加上心思細膩，當我們與她講道理時，容易找理由跟藉口，更加知道說什麼話會影響爸媽的心情與決定。

找理由或藉口

「是因爲他先……，所以我才……」、「媽媽有說過……」、「我剛剛只是……」與孩子對談的過程中，當我們發現他繞著核心外圍在找理由或藉口時，我們必須要適度地拉回被扯遠的主軸。跳針式地不停地問我們要問的問題，「我知道了，請你跟我說……」「好，但你要先回答我……」假使我們一順著他的理由與藉口去回應，就很容易被拉遠而不自知，然後在不著邊際處，爭吵著卻不知爲何而生氣。

雖然這句話有刺了我一下，但先按耐住情緒，等確定花寶平穩了之後問「好，既然妳生完氣了，請妳回答我的問題，爸爸爲什麼要抱妳進來房間？」花寶輕聲地說：「因爲我哭鬧？」我說：「是的。妳先是沒有回應我，然後我把妳抱起來就開始大哭了。有沒有？」花寶點點頭：「有。」我說：「對啊！爸爸知道妳有點累。但是妳應該要好好地跟我說，或是要我抱妳去休息都可以，而不是不理我，或是哭鬧，知道嗎？」花寶說：「知道。」

說了刺傷人的話

花寶理解之後，我繞回那句傷人的話：「妳剛剛說，『我最愛的人，不在這個房間裡。』這邊只有我跟妳啊！所以意思是爸爸不是妳愛的人嗎？」花寶沒有作聲，只偷偷地看了我一眼。我有點嚴厲地說：「不能這樣說喔！爸爸聽了眞的會很難過。」花寶嘟著嘴，微微低著頭。我繼續說：「妳覺得爸爸愛不愛妳？」花寶小小的點了頭。我皺著眉：「既然爸爸這麼愛妳，就不要再說這些讓爸爸聽了會難過的話，好嗎？」花寶抬起頭看著我，輕聲的說：「好。」我展開了笑容：「過來，給爸爸抱抱。」花寶往我懷中抱來。我們擁抱了一段時間後，花寶輕輕地說：「爸爸，對不起。」我摸摸她的頭：「沒有關係。以後要記得不可以說，不喜歡爸爸、不愛爸爸這些話喔！」

「我不喜歡爸爸」、「爸爸不愛我」。當孩子說了這些會刺傷人的話時，我們要先按耐住憤怒，不要被這根針給刺到火山爆發，因爲情緒失控的當下，很容易做出不當的教養行爲。只要回答「我等你生完氣再跟你說」，等孩子情緒穩定了，再跟他們說我們的感受。

孩子的語言能力強，絕對是個優點。然而，更重要的是，要教孩子面對問題與錯誤的核心，而非被理由與藉口給拉遠；要引導孩子體會他人的感受，而不是隨意地刺傷人心。

當孩子說了這些會刺傷人的話時，我們要先按耐住憤怒，不要被這根針給刺到火山爆發。等孩子情緒穩定了，再跟他們說我們的感受。

教導孩子時，請顧及他的面子

關不掉的電視

「好了，時間到囉！把電視關起來。」老婆對澤澤說，但澤澤沒有反應。

「澤澤，請把電視關起來。」老婆帶著嚴厲的語氣再說一次。

「好，我會關。」澤澤拿起遙控器，按下按鈕的動作卻像慢速度播放一樣。

「我數到三喔！你不關就我來關。一——二——」老婆手叉腰際，大聲喊著。

「嗯……嗯……再一下下就好了。」澤澤拖延著。

「三——沒機會了！」剛說完，立刻上前奪走遙控器，把電視關了起來。

「幹嘛啦！我還想要看啊！」澤澤氣憤地往沙發上用力一坐。相當生氣地大喊。

我們在岳父母家的客廳。澤澤的大吼，讓外公、外婆、阿姨、姨丈跟舅舅、舅媽全都往他的方向看去。

我在廚房也聽到了，立刻走了過去，蹲在澤澤面前：「好了！我知道你想要看電視，等你生完氣，我們再談。」澤澤往後一躺，直接閉起眼睛。我看他安靜了下來，輕聲地問道：「爸爸知道你想看電視，但是規定的時間到了，不是嗎？」澤澤撇著頭沒有理我。我再問一遍：「媽媽跟你說好的看電視時間，是不是已經到了？」澤澤依然沒有看我，卻對著一旁大吼：「沒有！」

看著澤澤躺在沙發上、頭撇到一邊、斜眼不看我，還不禮貌的對我大聲吼叫，心中的怒氣油然而生。正想當場大聲斥責他一頓之時，我想到了周遭的眾人。

顧及孩子的面子

看到孩子做出不對的事情時，情緒一來就當著眾人的面直接開罵，「你真的很糟糕耶！」「我講話你怎麼都沒有在聽。」講得好聽是，被自己爸媽罵，總比被別人罵好，但實際上是沒有顧慮到孩子眞正的心情。

在公司犯了錯，寧願老闆叫我到會議室單獨講，也不願意在座位上直接開罵，因爲被所有人看到我被罵，實在是很沒有面子。這種當眾被辱罵的心情，相信每個人都不喜歡。我們是如此，孩子當然也是如此。因爲孩子是個體獨立的人，我們不喜歡的感受，孩子多半也不會喜歡。

畢竟，我們的目的是要教他，而不是要羞辱他。

我先壓著怒氣，帶著嚴厲的語氣，用只有澤澤聽得到的音量緩緩地說：「我知道你在生氣，但是你剛剛對爸爸講話的方式很不對。請你先坐起來，然後眼睛看著我。」澤澤應該是感受到我的生氣，有點不情願地起身然後轉頭面向我。我說：「再問你一遍，剛剛你看電視的時間，是不是已經到了？」澤澤的情緒似乎尚未平穩，聽到這個問題又再度大聲叫道：「沒！有！」

我再次壓低聲音，微帶怒意地跟澤澤說：「你可以生氣，但不可以這麼大聲講話影響到別人。走，我們去房間說。」澤澤還是很兇的語氣：「我——不——要——」我說：「好，如果不要去房間，就請你試著好好講話。如果你繼續用這種方式跟爸爸說話，我擔心會忍不住大聲念你。」我繼續說：「請問，你想要在所有人面前被我兇嗎？」澤澤抬起頭看了看大家，再低頭想了一下，終於緩和了口氣，微微地搖搖頭說：「不想。」我站了起來，伸出手到澤澤面前：「走吧！」想要牽他進去。澤澤有點撒嬌地對我說：「我想要爸爸抱抱。」我說：「好。」兩手把將近三十公斤的澤澤抱了起來，走進房間，把門關起，遠離眾人的目光。

當孩子發現我們有顧及他的面子時，才會深深的體會到爸媽愛他的心。

情緒平穩了，孩子才能聽進道理

「爸爸，對不起！我剛剛不應該對你那樣子說話。」情緒已經全然平復的澤澤，一進房間就先說了。

「沒有關係。我知道你想看電視，但是當媽媽提醒你要關掉時，你應該要跟媽媽討論，而不是不斷地說等一下，然後眼睛一直在看著電視。」

「討論什麼？」

「跟媽媽討論，是否可以再看幾分鐘啊？或是休息多久之後，還可以再看嗎？我跟媽媽都是可以溝通的。所以下一次請選擇用好好講的方式，知道嗎？」

「嗯，好。我知道了。」

「走吧！我們出去吧！」

處於有許多人在的場合，而我們與孩子都有情緒時，帶離現場遠離他人目光，除了顧及孩子的面子之外，同時把外在的干擾去除，如此，我們可以比較快速地平穩情緒。只有情緒平穩了，孩子才可以聽進道理，而爸媽也可以用平常心去教導。

請大聲的稱讚孩子

基於華人的美德，他人稱讚孩子時，即使內心再怎麼高興，我們都要表現出「謙虛」的美德。「哎呦！沒有啦！他僥倖的。」「托您的福啊！哪能跟您的孩子相比呢？」但是當孩子做錯事情時，我們卻會在他人面前破口大罵，展現出「我的孩子自己教」、「我是有在管孩子的」這類做給他人看的表面功夫。這種「教導，就罵在嘴邊；稱讚，卻歡喜在心裡」的心態，其實應該要反過來才對。

我們應對著孩子，「教導，請私下溝通；稱讚，要大聲認同」。

罵孩子的時候，請顧及孩子的面子，帶到單獨的空間去講。當他人在稱讚我們的孩子時，請用極度認同的神情與非常開心的語氣回應：「沒錯，他眞的很棒。」「對啊！我很驕傲。」「是的，我也這麼認爲耶！」

因爲，在孩子的心中，爸媽的評價比他人的看法重要太多了。不管發生任何事情，只要感受到爸媽是相信他、支持他與賞識他的，不管跌倒多少次，失敗多少回，孩子一定會充滿著勇氣與毅力，堅持地向前邁進。

當孩子說了不好聽的話，先勿立即糾正

媽媽的糾正

澤澤念幼兒園大班的時候，有一次老婆站在校門口，等著澤澤放學。下課的鐘聲響起，孩子們從川堂裡背著書包走出來。老婆看啊看，想說：「奇怪？怎麼還沒有看到澤澤呢？」眺望著，看到了一個熟悉的身影。

老婆開心地走了進去，敞開雙臂準備迎接兒子，只見澤澤低著頭、駝著背，一臉氣呼呼不高興的模樣。澤澤走到老婆身邊，老婆關心地問道：「兒子，你怎麼啦？」老婆看澤澤都不講話，起了身牽著澤澤的手先往前走去。在回家的路上，澤澤依然悶不吭聲，老婆再次開口問道：「兒子啊！在學校發生什麼事了嗎？看你一臉不開心的樣子。」此時，澤澤停下了腳步，皺著眉頭，撅著小嘴，很生氣地大聲喊出：「某某某是超級大壞蛋！」

老婆一聽到兒子講了不好聽的話，當然就立刻糾正：「ㄟ——大壞蛋這三個字是不好聽的話喔！而且不可以這樣講你的同學，知道嗎？」原本相當氣憤的兒子，突然像洩了氣的皮球嘆口氣，老婆想接回原本的話題：「然後呢？」只見兒子又恢復到不想講話的模樣，輕聲地搖搖頭說：「沒有啦！沒事了。」這下換老婆不太高興了。

我一回到家，就見到兩座火山各自坐在客廳的兩端，我先詢問老婆，老婆抱怨著說：「他先是不講話，一開口就是講不好聽的話，然後我再問他，又不講了，是怎麼樣？」

與孩子站在同一陣線

了解了所有過程且心中已全然明瞭的我，轉身去跟澤澤說：「聽說你同學某某某是超級大壞蛋啊！」澤澤依然是一副不想講這件事情的感覺，只是點了點頭說：「是啊！」我接著問：「那他一定做了很不好的事情，讓你覺得他是個超級大壞蛋。」澤澤聽到我這麼一問，像是被點燃的引線，回想起當時生氣的場景，又氣憤了起來：「對啊！因爲他沒有問我，就自己拿了我的橡皮擦。」我也裝作生氣的樣子說：「什麼？他拿你的橡皮擦居然沒有先問你啊？」兒子繼續說：「對啊！那個明明是我的東西耶！我跟他要，他還不還給我。」我跟著兒子一起憤慨地說：「太誇張了吧！你跟他要，他居然不還給你喔？」兒子越講越激動：「是啊！所以我才會生氣啊！」看兒子差不多講完了整個過程，我也趨緩了語調，跟澤澤說：「喔！原來如此，爸爸了解你為什麼會說他是超級大壞蛋了。」我上前摟著澤澤的肩，接著問他：「那你現在還生氣嗎？」澤澤的眼珠子一轉，搖搖頭說：「還好，其實也沒有那麼生氣了。」我抱了澤澤一下說：「嗯，爸爸知道了，謝謝你願意告訴我。去玩吧！」澤澤又恢復沒事的模樣去找妹妹玩了。

一旁的老婆，立刻坐到身邊來問我：「為什麼兒子就這樣什麼都跟你說了？」我說：「因為，孩子會講不好聽的話，多半是因為心中有不開心的事情。既然不開心，那一定會想要抱怨。聽他抱怨的當下，最好的方式，就是要讓孩子感受到，我們是跟他站在同一陣線。即便聽到了不好聽的話，也都先忍住，等他講完再說。」

不加評論與建議的傾聽

我們都希望孩子可以擁有幸福美滿的未來，只要看到孩子走錯一步或走偏一點，都會忍不住地給予評論與建議，期望孩子所踏出的每一步都是又穩又直。

「某某某是超級大壞蛋，我最討厭他了。」

「嗯，大壞蛋是不好聽的話，不可以說。」

「我今天考九十分耶！」

「爸爸覺得你是可以考一百分的。你要再加油，下次努力持續進步。」

「我今天在學校的演出，表演得好爛喔！」

「你看吧！媽媽昨天是不是提醒你要練習！誰叫你自己偷懶，下次要聽媽媽的。」

於是乎，孩子單純地在發洩心中的不滿，爸媽立即給予字面上或意識上的糾正；孩子開心地分享發生的喜悅，爸媽卻立刻督促而期望孩子可以再更好；孩子沮喪地傾訴內心的難過，爸媽當下就數落著孩子不聽自己話所造成的後果。這些糾正、督促與數落，自認爲可以讓孩子走往正途，卻不知都是讓孩子不願意繼續跟我們分享事情的元兇。

沒有人喜歡在發洩心中不滿的時候被糾正；沒有人喜歡在分享喜悅的時候被督促；沒有人喜歡在傾訴內心難過的時候被數落。當對象換成是朋友的時候，我們都會樂於一起罵、一起哭、一起生氣，但爲何當對象換成是孩子時，我們卻會關不住念頭跟嘴巴去給予批評跟指導呢？

希望把孩子教好的心是對的，但無需急於當下。只有不加任何評論與建議的傾聽，才會讓孩子感受到我們是與他站在同一陣線的。

把評論與建議留到最後

老婆聽完我的說明，想了一下說：「好難喔！不過我會試試看的。」我笑著回答：「面對孩子在表達心中情緒的當下，要關住嘴巴眞的有難度，但我們一定要忍住，否則等孩子越來越大，只會把孩子往外推，離我們越來越遠而已。」老婆問道：「難道已經知道孩子做錯了，還是不吭聲嗎？」我說：「當然不是囉，孩子就是孩子，需要大人的指引與教導。只是不用急於當下。」我接著說：「所有想要給孩子的評論與建議都請留到最後，直到孩子已經傾訴完心中的情緒與想法之後再說，而且要給予正面的說法。」

老婆搖搖頭說：「不懂，像剛剛的事情，應該要怎麼說才比較好？」我回答：「澤澤說了不好聽的話，像妳先前立刻給予糾正，只會讓傾吐的心情卡住，認爲媽媽根本就不懂我而不想繼續再說了。」「應該是要等澤澤都說完、情緒穩定了之後，再跟澤澤說『大壞蛋的確是不好聽的話，你這麼厲害，爸爸相信你下次一定可以找到更好的話來表達你的氣憤。』相信孩子並給予孩子肯定，這樣就足夠了。」

要如何回應孩子？

對憤怒中孩子最好的回應，就是傾聽然後不加任何建議與評論。當孩子跟我們訴說事情時，特別是正在宣洩負面情緒的時候，我們所要做的眞的只要傾聽就好，待孩子傾訴完後，再給予正面且不帶批評的建議即可。

如果還是不知道該怎麼說，至少我們可以重複孩子說的話，然後加點重音以及轉換成疑問句，並在最後跟孩子說：「我很高興你願意跟我說。」來認同孩子與我們分享內心感受的行爲。如此，孩子就會認爲：「爸爸好懂我喔！爸爸跟我是同一國的。」爸媽不僅要實質上的陪伴孩子，心靈上更是要與孩子站在同一陣線，牽著孩子的手一起長大，才不會因爲想要爲孩子好，卻讓彼此的關係反而越來越疏遠了。

孩子哭太久，甚至影響到他人時，該如何處理？

影響到他人的情緒

前天晚上，準備要睡覺了，由於澤澤跟花寶還在看書，我先給予了緩衝時間：「再看兩分鐘就要睡覺囉！」兩人回答：「好。」然後繼續翻閱。

緩衝時間到了。我高喊：「好了，時間到囉！請把書放回去，我們要睡覺了。」花寶不願意，搖著頭硬是抓著書不放。我看他們的確快要看完了，於是再給予一點時間彈性：「好，那看完這本就一定要關燈囉！」

沒一下子，兩人看完了，澤澤很快地躺好，而我陪著花寶放好書後，前去關了燈，突然聽到花寶大叫說：「不要關燈，我還想要看。」我愣了一下，只見花寶的手上拿著另一本書。我搖搖手說：「不能再看囉！時間太晚了，我們要睡覺了。」不接受的花寶大聲哭了起來：「我還想要看，我還要看……」我安撫著她：「爸爸知道妳好喜歡看書，但妳明天還要上課，太晚睡覺會沒有精神喔！爸爸答應妳明天唸給妳聽。」花寶持續哭著說：「不要——我現在就要看。」

花寶再哭了一小段時間，看似沒有要停止的跡象，甚至抬腳亂踢，差點踢到哥哥。於是我對著花寶說：「走，我陪你到房間外面哭，讓哥哥睡覺。」花寶一聽更是大聲哭叫：「我不要到外面去。」我堅定且嚴肅的說：「如果妳還要繼續哭，就一定要到外面。沒錯，妳心情不好當然可以有情緒，但其他人沒有必要因為妳的情緒而受到影響。」轉頭對澤澤說：「兒子，你先睡喔！等一下我跟妹妹就回來。」說完很快地把花寶硬扛了出去。

情緒本身沒有對錯，只是有沒有影響到他人而已。

影響到他人時，爸媽請立刻介入

有些孩子的情緒很平和，自己哭一哭，然後我們在一旁陪伴著，很快就平復了。但也有些孩子沒有辦法，他的情緒是很激動且強烈的，會尖叫嘶吼、捶人亂丟東西、辱罵無禮。因為情緒本身沒有對與錯，所以我們要同理孩子的情緒，但當孩子的情緒影響到他人的時候，爸媽一定要立刻上前介入，而非跟著生氣大罵或是完全不理睬，任憑孩子把情緒傾倒給他人。

狀況發生了，我們施予同理，陪他哭完；但是當孩子的情緒打擾到他人時，爸媽就要立即上前安撫孩子。如果發覺孩子的哭鬧宣洩還需要一些時間時，請帶離現場，找到能獨處的地方。發生在餐廳，可以把孩子帶到門口；在百貨公司，可以帶到樓梯間；在他人家中，可以借一個房間。

當孩子發洩情緒時會打人或丟東西，也要立刻抓住他的手制止。告訴他「不能打爸爸，爸爸會痛。想打東西的話，你就捶枕頭吧！」「不可以丟玩具，可能會丟到別人或把玩具弄壞掉。」「不可以這樣罵妹妹，妹妹會很難過的。」分享我們與他人的情緒與感受，試著讓孩子理解他的行爲對周遭的影響。畢竟其他人眞的沒有必要因孩子情緒而被吵到、被傷害到、甚至被搞到心情不佳。

陪著孩子哭完，然後跟孩子說明對他人的影響。如此，才能讓孩子在每個狀況下，除了感受到被同理之外，更能學到如何同理他人。

下一次該怎麼做

「爸爸，我哭完了。」花寶在我陪伴之下，漸漸地收起哭聲。

「妳知道爸爸爲什麼要帶妳出來嗎？」

「因爲我哭太久。」

「嗯，還有妳的哭鬧讓哥哥不能睡覺，也差點踢到哥哥。如果眞的踢到了，哥哥會很痛的喔！」

「那你爲什麼哭呢？」我繼續問。

「我想要再看一本書，但爸爸不讓我看。」

「不讓你看是有原因的啊！因爲要睡覺了，而且爸爸都有提醒你們喔！有沒有？」

「有！」花寶點點頭。

「下次如果你想要看久一點，請你提早準備睡覺的事情。只要有時間，當然可以多看幾本書啦！」我教導花寶卜一次該怎麼做。

「嗯！」

「妳哭完了，我們回去睡覺囉？這一本書，我們明天再看吧！」

「好。」我與花寶手牽著手站了起來，一起走回房間。

等孩子發洩完他的情緒後，一定要跟孩子說明原因，更重要的是，下一次遇到相同狀況時該怎麼做。「如果哥哥又對你講了不好聽的話，不用哭，跟他說『我不喜歡你這樣說我』。」「如果妹妹下次又抓你了，用不著打回去，請直接來找我。」記得教導應對方法，不然有的孩子不管遇到幾次，一直在死胡同裡打轉，依然不知道該怎麼處理，而我們只會心煩地念他：「不是剛剛才講過了，怎麼又哭了呢！」

當孩子哭鬧太久

假使已經帶到單獨的地方陪伴了，孩子依然哭鬧不止，甚至嚎啕大哭半小時至一小時之久。該怎麼辦呢？

沒錯，孩子有情緒了，我們要同理他，陪他哭完。只是孩子依然是個尚未成熟的人，除了同理之外，更需要引導與教導孩子如何適當地控制情緒。對於他的成長絕對是很好的一件事。

先依照孩子的個別情況，試著抓出情緒宣洩的大約時間（花寶是十分鐘），超過這個時間的話，我們除了繼續陪他之外，還要順勢教導孩子如何縮短哭泣的時間。

1. 轉移孩子的注意力

不管是用他喜歡的玩具或物品，或是講一些他有興趣的話語，試著轉移其注意力，幫助孩子從情緒的漩渦中脫離。等孩子的注意力被轉移後，請他看著我們。

2. 練習深呼吸

「來，跟著爸爸一起吸一口氣。慢慢地吐出來。」親自做給他看，鼓勵孩子學我們一起深呼吸，讓孩子的情緒漸漸平穩。

3. 給予緩衝時間

如果孩子不願意跟著深呼吸，可以提醒著緩衝時間：「好，我知道妳很難過，但是有點哭太久了。那我們再哭一分鐘就好囉！」中間不斷地倒數：「再三十秒。」「最後十秒，十、九、八……三、二、一，時間到。」

假使緩衝時間到了，但孩子還在哭，可以再給予更短一些的緩衝時間：「最後二十秒囉！」在倒數聲中，相信孩子會自己學會控制，然後一次比一次哭得短。

4.用力的稱讚

只要孩子有試著控制哭鬧情緒，或是比上一次進步一點點，請把那一丁點的進步無限擴大，給予孩子一個大力的稱讚：「哇！妳好棒喔！眞的做的很好耶！」「爸爸發現你現在哭的時間已經越來越短囉！」用實際的鼓勵跟稱讚，讓孩子知道，他做得很棒，以及孩子的努力，我們都看在眼裡。

孩子該學習拒絕，而非都是別人的錯

不能吃的零食

有一次帶著兩小到澤澤的同學家玩，由於澤澤和同學窩在房間玩男生的遊戲，花寶覺得無趣，我跟老婆就帶她到旁邊的公園玩沙。玩了一段時間後，我們返回同學家中，就看到澤澤正在吃巧克力，已經吃好幾顆了。我們並非完全禁止孩子吃甜食，只是澤澤當時有點咳嗽，我們有告誡過他，冰的跟甜的零食都不能吃，等身體好了再吃。於是我板起臉孔跟澤澤說：「你怎麼在吃巧克力呢？你應該知道你現在完全不能吃喔！」我相信孩子都是喜歡吃甜食的，板起臉孔的意思是希望澤澤知道這件事情是嚴肅的。但是澤澤的回答卻著實讓我一驚。

澤澤低聲地說道：「是阿姨給我吃的。」

我聽到這句回答時，心中甚是不悅，但因爲在別人家中，先不動聲色提醒幾句後裝作沒事。會不太高興的原因，是澤澤似乎把他吃巧克力的這件事，歸咎於是阿姨的錯。

千錯萬錯都是他人的錯

在孩子與他人的互動之中，一定會有各式各樣的狀況發生。有玩具被搶而哭喊、跟同學講話而被老師處罰、被他人亂放的東西所絆倒。然而狀況發生的當下，父母或孩子把所有的錯都怪在他人身上：「都是別的孩子，惹我的孩子一直哭。」「都是旁邊的同學愛找我的孩子講話，才會被老師罵。」「都是他的東西亂放，才害我跌倒的。」

把整件事都歸咎於他人，以證明自身沒有問題，如此，孩子既不會被罵，父母也無須在教導上花力氣拉扯，甚至是自我檢討，絕對是最快速且最保護孩子的方法。然而，卻也同時讓孩子學到，千錯萬錯都是別人的錯，而自己永遠都是對的。

起因或許是因爲他人，但讓狀況繼續發生下去，孩子絕對也有責任。

讓孩子學習「拒絕」

走回家的路上，我開口問澤澤。

「爸爸問你，你之前說巧克力是阿姨給你吃的。」

「嗯。」

「那，你想吃嗎？」

「有……想……吃啦。」澤澤頓了一下回答。

「既然你想吃，爲何說得好像是阿姨逼你吃的呢？」

「因……因爲……我知道我不可以吃。」

「爸爸媽媽不讓你吃，問你的方式有些嚴厲，是因爲擔心你的健康，並不會怎麼樣。所以，當我們問你時，你只要承認做過的事情就好。可以說『好，我知道了！』或是『對不起，我知道不應該吃的。』然後下一次改進。」

「嗯。」

「但是，最重要的是，你自己要學會如何拒絕。」

「拒絕？」

「是啊！你自己要知道事情的是與非、對與錯以及好與不好。之後，有長輩拿糖果、巧克力給你的時候，你很想吃但也知道自己不可以吃，你要學習拒絕說：『我現在咳嗽，不可以吃甜的。』或是眞的很想吃，也可以說：『要問我媽媽可不可以吃。』而不是自己想拿，卻在被發現後怪罪別人。而且，阿姨也是因爲疼你、喜歡你，才會拿巧克力給你的，你這樣說，不是讓阿姨難過了嗎？」

「玩具被搶了，除了大哭之外，要跟他說：『請把玩具還給我。』」「有同學要跟你講話時，你可以不理會他啊！」「當有東西亂放在地上，請你自己也要小心走路。」起因雖然是他人，但更要讓孩子知道他絕對是有責任的。只要孩子懂得「拒絕」、「不理會」以及「自我注意」，其實每一次的狀況就會就此打住，不會延燒到後面。

如果我們爸媽這個時候也都把錯怪罪他人：「對啊！明明知道我兒子咳嗽，還拿巧克力出來。」那孩子永遠不會發現自己其實是可以阻擋狀況發生的喔！

不把責任怪罪他人

孩子做錯事情時，他一定知道自己不對了，特別是被大人發現時，卸責絕對是天性。當孩子有點卸責的現象出現時，我們要引導孩子面對且承認自己的錯誤，更要教導他下一次該怎麼做。

只有讓孩子在狀況中面對自我錯誤，然後一次又一次地學習與修正，如此，即使長大後我們不在旁邊嚴加控管盯梢，他腦中也會有黑白清晰的是非分辨，知道該怎麼做才是對的，接著對自我負責，更加能對他人負責，而非把責任都怪在他人身上！

平心靜氣，引導孩子承認「是我做的」

大人的反應

「爸爸，我尿好了。」花寶高聲呼喊著。我走進廁所，拿好衛生紙。卻發現有件事不太對勁。花寶坐在馬桶上，但她的後背、馬桶蓋上跟地板上，都有如灑水過般的一片溼。

我們在我岳父母家，他們的廁所有免治馬桶座，平常電源都是關的，所以小朋友怎麼按都沒有反應。但今天卻被打開，有亮燈，再看到那一大片的溼，還灑到花寶的背上。此時眉頭一皺，發覺案情並不單純，不到兩秒鐘的時間，就把謎題給解開了。我想，應該就是花寶按了某一個鈕，讓灑水的裝置噴出水來。當然，還是要問問當事人。

「花寶，後面為什麼這麼多水啊？妳有按這邊的按鈕嗎？」我平心靜氣且和顏悅色的，指著免治馬桶座上的按鈕詢問。「我沒有按，不是我按的。」花寶閃避著搖搖頭。我心裡一驚，想：「怎麼會說不是她呢？」於是換了方式再詢問：「連妳的背上都有水耶，那是妳進來就有水了嗎？還是坐上馬桶之後才有的呢？」花寶依然搖搖頭說「嗯……不知道。」

我心想：「這種事情怎麼可能不知道，應該多半是她了。」但我知道絕對不能用大人的姿態強逼就範。畢竟，我們最重要的目的是讓孩子面對問題，然後承擔責任，而非把孩子當成犯人般審問。如果我們用強硬的方式逼孩子承認：「你再不承認，如果被我抓到的話，一定會處罰你。」或在孩子身上貼「說謊標籤」：「不可以說謊喔！你這麼小就會說謊，長大還得了啊！」

如此，只會讓孩子堅信以後不能對爸媽說實話，畢竟沒有人會喜歡說謊的，除非他知道一說實話，就會有後續恐怖的事情發生。所以大人的反應，決定了孩子在你面前會怎麼表達。

換個方式詢問，讓孩子樂於承認

我想了想，想到了一個試探性的問法，於是我展露出極度好奇的模樣跟語氣，指著按鈕再問花寶：「爸爸從來都沒有用過這個東西耶，感覺好好玩喔！妳教我好不好？爸爸問妳喔！是按這個按鈕（橘色的中止鍵）還是那個按鈕（臀部洗淨的按鍵），才會讓水噴出來呀？」大約頓了一秒左右，只見花寶緩緩地伸出了手，指著臀部洗淨的按鈕說：「按這個。」

眞相大白了，我再繼續微笑地對花寶說：「哇！好厲害，都知道耶！那，妳剛剛有按嗎？不然，妳怎麼會知道呢？」花寶不好意思般地笑著，點點頭說：「有。」我說：「好，爸爸知道了。那妳剛剛按出來的水，讓這邊有些溼，我們一起擦乾淨囉！」

陪著花寶把弄溼的地方都擦乾後，我說：「花寶，以後啊！有做的事情就說有，沒有做就說沒有。只要對爸爸講事情發生的經過就好了，好嗎？」花寶點點頭說：「好。」我再說：「而且，妳看，讓爸爸知道是妳弄溼的，我們只需要做什麼？」花寶說：「只要擦乾淨就好了。」我摸了摸花寶的頭：「對，弄溼了，擦乾淨就好了。所以承認是自己做的，也沒有怎麼樣嘛！」

給予孩子無恐懼的氛圍

趨吉避凶乃人之天性，連大人犯了錯，都會開始吱吱嗚嗚或避重就輕了，何況是孩子呢！其實犯錯的人一定都知道自己做錯了，但如果我們給他們的是害怕又恐懼的氛圍，請問孩子怎麼敢承認呢？即使我們跟孩子說：「只要你老實說，我不會對你怎麼樣。」但是孩子一說了實話，就開始碎念或辱罵，美其名是要讓孩子記得不可以說謊，其實只是在逼孩子下次更要堅定的對大人說：「不是我做的。」

想個方式或換個問法，讓孩子在無恐懼或害怕的氛圍下，引導孩子承認，再陪著孩子一起面對問題、承擔責任。「是誰弄溼的？」「是我。」「好，我們一起擦乾淨。」；「是誰打翻的？」「是我。」「走，把這些撿起來就好。」；「是誰沒有收玩具？」「是我。」「來，把玩具收拾好。」

讓孩子經過一次又一次的練習，慢慢的他們就會發現，原來跟爸媽說：「是我做的」一點都不難喔！

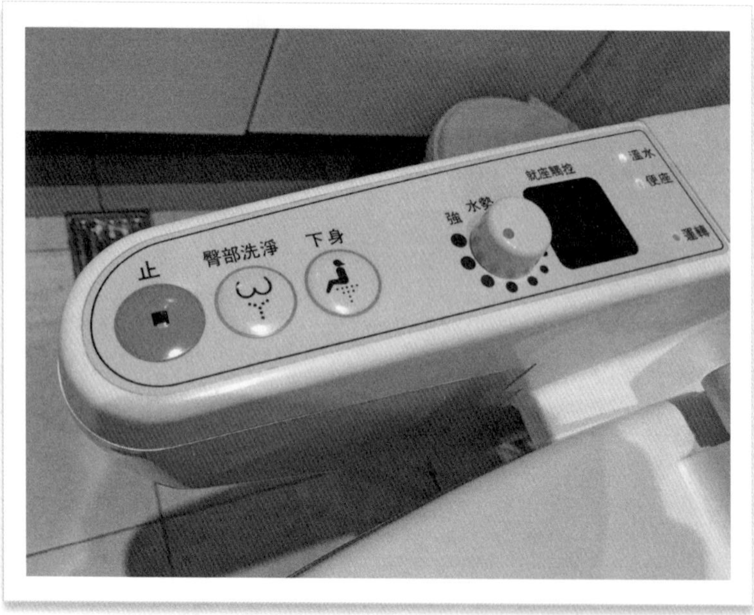

因陪著孩子經過一次又一次的練習，慢慢的就會發現，原來跟爸媽說「是我做的」一點都不難喔。

孩子們發生衝突時說：「他們都不讓我玩」

日前傍晚，大人們坐在客廳，而孩子們都在房間玩遊戲。突然，花寶哭著從房間走了出來：「爸爸，他們都不讓我玩，嗚——嗚——嗚——」我知道孩子會因爲年紀小的關係，表達能力尚未完整而只講片段；或是照自我認定卻非事實，而截取對己有利的部分來陳述。所以，一聽到花寶這麼說，不會直接認爲花寶被欺負了，而是先試著緩和花寶的情緒，慢慢地引導她說出事情的經過。

「來，發生什麼事啦！跟爸爸說。」我揮揮手叫花寶來我旁邊。

「爸爸，他們都不讓我玩。」

「是喔！居然不讓妳玩喔！」

「對啊！爸爸去幫我講。」花寶面帶哀傷地說著。

「好啊！不過爸爸要先知道是怎麼樣不讓妳玩。」

「明明我是第二個玩的，但是小玉卻說不是，說我是最後一個。」

「喔，那他們沒有不讓妳玩啊！只是順序不一樣而已。」我安慰著。

「沒有，他明明就是不讓我玩。」

「那妳試著去跟小玉討論，看看玩遊戲的順序要怎麼輪。」我還是想試著讓孩子自己處理。

「我不要，我要爸爸幫我講。」花寶又有點要哭的模樣。

「好，好，走，爸爸陪妳過去。」認爲有靠山的花寶，很快地從沙發下來，跟我牽著手走了進去。

孩子們各說各話

到了房間，澤澤正好玩到了一個段落，我立刻趨前把遊戲暫停，跟小朋友們說：「來，大家先暫停一下。」

「爸爸，就是小玉不讓我玩的。」花寶有些氣憤地指著他人。

「我沒有，是我哥哥剛剛才來，之前沒有玩到，所以我想要讓我哥先玩。」小玉解釋著。

「現在應該是換花寶玩，之前都是這樣輪的。」澤澤也跟著說明。

「但是我哥哥都沒有玩到，讓他先玩啊！」小玉著急著想要幫他哥。

「好，我知道，沒有關係。現在只需要你們討論出來，澤澤玩完之後，該誰玩了？」「是我。」「應該是花寶，剛剛就是這樣輪的。」「換我哥哥啦！」

「我不要。」「明明你就玩很多次了。」「我哪有玩很多次，你亂講。」孩子們你一言我一語地爭論著。

「停——」我大聲的喊了一聲，讓大家都安靜著看著我。我緩緩地說了出口：「之前怎麼樣沒有關係，你們只需要討論出來，接下來該輪到誰玩就好。」

引導孩子繼續玩下去

「澤澤爸爸，那你覺得該換誰玩了？」有一位孩子突然問我。我頓了一下，對著孩子們說：「你們的遊戲我沒有玩，所以輪誰玩不應該問我。而是你們要一起決定喔！」我看了看手錶，帶著擔心的語氣說：「怎麼辦，你們只能玩到七點半，只剩下十分鐘了耶，你們是要把時間花在吵架呢？還是趕快討論出來，再開心地一起玩呢？」

此時，小玉的哥哥緩緩伸出了手，比了一下花寶說：「沒有關係啦！花寶先，我下一個就好了。」我反問大家：「那，現在該花寶，等一下是你，再下一個是你，再來又輪回澤澤了，是嗎？」四個孩子都點了點頭。我笑了笑，說：「OK！太棒了，你們自己決定出來順序了，那就接著繼續玩吧！」「好耶！」此時，我退出了房間，四個孩子開心玩樂的聲音，又再次地響起。

孩子們於玩樂的當下有了狀況，我們很習慣地要當警察或裁判，對著孩子下指導棋，詢問過程之後，就要決定誰對誰錯，揪出誰不讓誰玩的犯人，找出誰讓遊戲不公平的罪犯。

其實，遊戲是孩子們在玩的，而我們只要在孩子們玩遊戲時，當個能使他們繼續玩下去的引導者就好。

屬於孩子的責任，請堅持到底

放在水槽的便當盒

澤澤上小學之後，我與老婆逐步地把屬於孩子的事情，交給他自己做，像洗便當盒。

上星期五，放學回到家後，澤澤把便當拿了出來放在水槽裡。我看到了先問：「你現在要洗了嗎？」澤澤搖搖頭：「還沒有。」我再問：「那你什麼時候要洗？」澤澤離開廚房說：「不知道。」

一句「不知道」，便當盒就從星期五晚上，放到星期天的晚上。

在這中間，我們即使看在眼裡，心裡很癢，甚至會有想罵人與碎念的衝動，但都忍住。只有偶爾提醒他：「便當盒還沒洗喔！」或是「請問你什麼時候要洗便當盒啊？」當然，澤澤一點都不想碰。

我很願意讓孩子依賴，但屬於孩子的責任，還是要劃分清楚。該讓孩子做的就一定要讓他做，並且要堅持到底。

孩子的責任

襁褓中的孩子，爸媽理所當然幫他處理所有的事情。但當孩子越來越大，能力也逐漸變強之際，一定要把屬於孩子的責任，堅定地還給他，培養孩子對自我負責的能力。讓孩子可以從家庭的教養當中，形成遵守規矩的自覺，以及擁有自律的觀念。從爲自己的行爲負責開始，像是玩了玩具學會收拾；弄髒地板練習擦拭等，再逐步發展到自我紀律的養成，像寫功課、上學準時與做家事等。

特別是家中事務的參與，一定要循序漸進地給予。規定孩子先從自己的事情做起，再逐步地衍伸到共同家事的分配與討論。每天都要洗的便當盒，就是一個很好的開始。

接受不做的後果

星期天的晚餐後，到了平時該裝便當的時刻，我走到廚房的水槽邊，拿起便當盒，用乾紙巾簡單的擦拭了一下，再走回餐桌，擺出準備幫澤澤裝便當的動作。

「爸爸，你幫我洗囉？」澤澤看到了，問我。

「沒有啊！」我搖搖頭。

「那你怎麼已經要裝了？」澤澤一臉疑惑。

「因為現在本來就是裝便當的時間啊！你不洗，那就直接這樣裝囉！」我一派輕鬆地，做出要夾菜到盒中的樣子。

「不要啦！我現在洗。」澤澤很快地從我手中拿走便當盒。

「喔，拿去洗吧！」

如果該讓孩子做的事情，他不想做。最好的做法，不是罵他、念他，而是確保在安全與健康之下，讓他接受不做的後果，並且說出就要做到喔！

假使我們說出的這個後果，對孩子沒有起作用的話，當然要換別的方法囉！陪伴孩子經歷每一個狀況，一次又一次地模索與了解孩子的個性，我們可以找到他在意的事情與感受是什麼，然後隨之變通。假使孩子不在意吃髒便當，卻很在意沒有吃飽，我們可以拿個小的便當盒，跟他說：「因爲你的便當沒有洗，所以媽媽用我的小便當盒給你明天帶去。所以，飯量會很少喔！你應該吃不飽。等到你願意洗你的便當盒時，再換回來吧！」

孩子的個性百百種，沒有最好的教養方法，只有最適合他的做法。

教養的彈性

堅持要求孩子遵守規範固然重要，但「家」不是軍隊，家是以情感爲中心，緊緊聯繫著家庭成員的地方。如果在親子教養的每件事情之上，都有如軍令一般的說一不二，堅守紀律，那「情」字何在呢？

家，是個談情的地方。讓孩子感受到爸媽的愛也是非常重要的。

我沒有立即把便當裝起來，而是刻意把沒洗的便當盒拿到他面前，並且拖些時間，就是給澤澤最後的提醒。假使我在澤澤沒注意的時候，很快的把飯菜裝好，等於是告訴孩子沒有商量的餘地，就會直接產生衝突了。

「爸爸，你可不可以幫我洗湯匙就好？」正在洗便當盒的澤澤問。

「好啊！今天幫你洗，明天還是要自己洗喔！」

「耶！爸爸對我最好了。」澤澤開心地大叫。

教養之中給予彈性，在我們的堅持下，孩子已經負起責任時，我們可以幫他一點點或給些寬容，並不會形成溺愛，只會有被疼愛的感動。特別是親子之間的親暱舉動，不管是被責罵後的擁抱、被處罰後的關心，甚至是自理生活起居的瑣事，像穿衣服、睡覺、吃飯等，雖然早就已經會了，但偶爾撒嬌著想要我們幫他或陪他，用不著以獨立之名來拒絕，被他們依賴一下又何妨呢！享受著孩子在我們身旁的美好吧！

我很願意讓孩子依賴，但屬於孩子的責任，還是要劃分清楚。該讓孩子做的就一定要讓他做，並且要堅持到底。

「對不起」不代表沒事了，而是要付出關心

澤澤的無心之過

「爸爸，陪我玩啦！」澤澤拉著我的手不斷地要求著。

「等一下，爸爸有點累。」我躺在地上任由澤澤拉扯。

「我不要等一下，現在陪我玩。」才剛說完，澤澤站著，一腳往我肚子踩了下去。

此時我大叫了一聲，撫著肚子立即坐了起來。澤澤被我的吼聲給嚇住了，也立馬站得直挺挺的。「你爲什麼要踩我的肚子？」澤澤搖搖頭，沒有作聲。「不管你的理由是什麼，不可以直接從人的身上踩下去，手、腳、肚子等任何部位都是。踩到是很痛的。」「好。」澤澤點點頭。我嚴厲地反問：「你至少應該要跟爸爸說什麼吧！」「對不起。」澤澤很制式地回答這三個字。

我對澤澤的關心

澤澤隨後低著頭獨自往角落走去。我偷偷地注視著他，沒有在玩玩具，也沒有在看東西，就橫趴在沙發上對著地板發呆，持續了一段時間。我心想澤澤應該是被我兇了一下，心情鬱悶，於是走上前去詢問。

「你在幹嘛啊？」我彎著腰問他。

「沒有。」澤澤搖搖頭。

「爸爸感覺你悶悶的耶！要跟我說嗎？」

「不要。」

「喔，好，你要去客廳吃水果嗎？」

「不要。」

「了解，等你想跟爸爸說的時候再來找我囉！」

澤澤只有點點頭，沒有說話。

即便我們在生孩子的氣，等到氣消了，到他身邊去給予溫暖，讓孩子知道爸媽雖然剛剛在生氣，但我依然愛你。畢竟，大人的價値，在於比孩子有更好的情緒管理。跟孩子之間，比誰先低頭，有何意義呢！

傳遞給孩子知道

隨後，我在洗澡時，澤澤走了進來說：「爸爸，我也要洗澡。」我說：「好，進來吧！」我緩緩地問道：「剛剛你在沙發上發呆，知道爸爸爲什麼要去跟你講話嗎？」澤澤回：「不知道。」我微笑著說：「因爲爸爸關心你啊！」澤澤看著我：「關心？」我說：「對啊！關心你有沒有心情不好、關心你被我念了之後是不是難過，關心水果被妹妹吃完你就沒得吃了，關心你的一切一切。」我繼續說：「那，你知道爸爸爲什麼要關心你嗎？」知道答案的澤澤恢復了笑容，對我說：「我要爸爸講，看答案跟我想的一不一樣。」我說：「因爲你是我最愛的兒子啊！即使你剛才被我兇了，但，爸爸的心裡，永遠會關心你的。」澤澤一聽到我這麼說，立刻擁了上來：「謝謝爸爸。」我也抱著他說：「而且啊！爸爸當時問你應該要跟我說什麼，要的不是你的一句對不起，而是你的關心。」

聽到我這麼說的澤澤，仰著頭看著我說：「爸爸，那你的肚子還痛嗎？」我摸了摸他的頭說：「不痛了，早就不痛了。」澤澤說：「爸爸對不起，我因爲想要把你叫起來，所以踩你的肚子。以後我不會了。」我說：「沒有關係，謝謝兒子關心我。爸爸很開心。」

當孩子撞到人或用球丟到人時，爸媽都會立刻要求孩子跟對方說「對不起」這三個字，但時間久了，很容易讓孩子認爲只要說了「對不起」就可以當作沒有事了。其實，我們想要的不是制式的道歉，而是撞到了人，會上前牽扶。用球丟到人，會詢問是否有受傷，這些給予他人眞誠關心的實質行動。

只有適時且適度地把我們對孩子的關心，傳遞給他知道，漸漸地，孩子也會在心中明白「關心」這二字的意涵，然後對他人做出發自內心的關心舉動了。

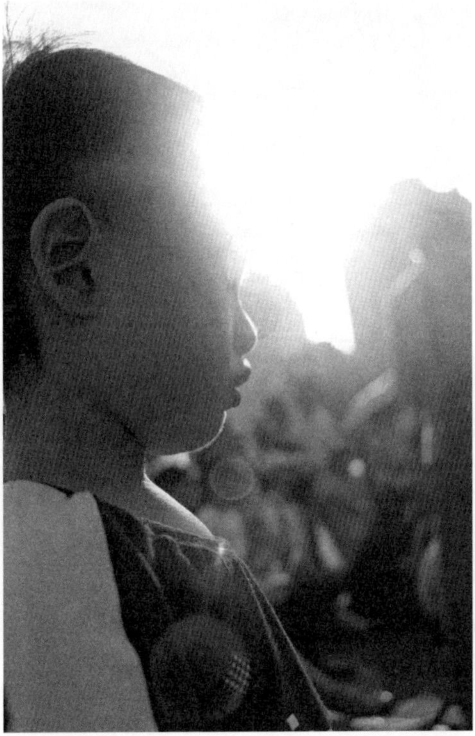

只有適時且適度地把我們對孩子的關心，傳遞給他知道，漸漸地，孩子也會在心中明白「關心」這二字的意涵。

4

當了爸媽，夫妻關係更加溫

你的老婆是全職媽媽嗎？

一大兩小的混戰

某晚，看著兩個小孩熟睡的可愛臉龐，輕輕地爲他們蓋好棉被，親了親圓滾滾的臉頰，關上燈，然後捏手捏腳地走到門邊，悄悄地走出房門，闔上門後，才吐出憋了很久的那口氣，因爲深怕太大的呼吸聲會把剛恢復成天使的小惡魔給喚醒。坐在客廳的我，喝著熱咖啡，轉著電視，享受著這屬於我一個人的時光。回想一個人帶兩個小孩的短暫時刻，眞的用戰爭來形容也不爲過啊！

「爸爸，哥哥打我！」「爸爸，妹妹又搶我的玩具。」「爸爸，幫我擦屁股。」「爸爸，陪我玩！」「爸爸，幫我講故事。」「爸爸——爸爸——」的呼喊聲彷彿不用錢似地到處嘶吼著，我就像是個被控制的機器人，隨著指令而去了解每一個發生的事情，一刻都不停歇。吃飯、擦桌子、洗碗、幫孩子洗澡跟擦乳液、穿衣服、吹頭髮、講故事，最後則是把孩子們都趕上床去睡覺，一環接著一環，就像行軍打仗般急促不已。這時突然很佩服我老婆，因爲我一個人照顧兩個小孩是偶爾爲之，才幾個小時而已，就已經忙碌不堪，而我的老婆可是二十四小時全天候，全年無休地帶著他們，眞是讓人佩服不已啊！

悶悶的老婆

終於，跟同學聚會的老婆回家了，我立刻跟老婆分享晚上孩子們所發生的事情，但是聊著聊著，卻感受到老婆有點悶悶的，我就問到：

「老婆，怎麼啦？怎麼感覺你的心情不太好？有發生什麼事嗎？」

「沒有啦！只是大家都在聊工作上的事情，我都插不上話，就覺得我離開人群好久喔！唉！乾脆我也去上班好了。」

「而且帶小孩好沒成就感，小孩子乖彷彿是應該的，但是只要在外面哭鬧，大家好像都會用異樣的眼光看我，就像我是個不會教小孩的糟糕媽媽。」老婆接著說。

「不要這樣想啦！孩子們由我們自己親帶，是相當幸福的。」

「幸福？那爲什麼還要一直惹我生氣，好像我是欠他們似的。哼！當初幹嘛要當個全職媽媽啊！眞是的……」

當初讓老婆離開職場，在家當個相夫教子的全職媽媽，主要的原因就是我們希望可以最了解自己的孩子。如果是讓保姆或是長輩來帶，那種與孩子的親密度跟自己照顧相比是遠遠比不上的。當然還有經濟的考量，本來就已經打算生兩胎的我們，如果兩個都是讓保姆來帶，每個月的花費也要三、四萬不等的價位，其實差不多就是一個人的薪水，還不如自己來帶。這個爲了家和孩子所作的決定，卻也是老婆現在心中最甜蜜的無奈。

我抱了抱老婆，說道：「好啦！辛苦了，老婆，再辛苦一下下，等花寶上幼兒園後，你就可以有比較多自己的時間。到時候再去做你喜歡的事情，去上班，還是去學東西都可以。」

「你知道我每天最期待的是什麼時候嗎？」老婆說。

「不知道耶！是什麼時候？」我問。

「就是你下班回家，把兩個小孩都帶開的時候，因爲那個時候『老娘下班了！』要我一天二十四小時都對著他們，我怕我每天都會變成母老虎。」

「哈！那我不就是才剛下班回到家，接著又要上班了。」我笑著。

「等老公回家」這件每天都會發生的小事，沒想到已經變成老婆心中最奢侈的期待。

老公們，請別忘了你還有「爸爸」這個角色喔

在外頭打拼、辛苦賺錢的老公們，或許無法想像老婆每天面對小孩所帶來的煩惱跟不耐，但也要努力地分擔一點「爸爸」這個角色應有的責任喔！試著從自己的工作與孩子的生活中取得平衡，檢視自己的工作表，固定每天安排一個時段去陪伴孩子，半個小時、一個小時也好，幫孩子洗澡、換衣服、刷牙、講睡前故事，陪著孩子聊聊天，講講當天發生的事情，與孩子培養感情。放假的時候，更要放下手機跟電腦，拋開公司的瑣事，用心地陪孩子玩，讓孩子感受到爸爸這個名詞對自己的影響力，因爲爸爸有著許多媽媽沒有的優點喔！孩子的生活有了爸爸的參與，才會更加精彩，笑得更加開心，而且也可以讓每天都困在孩子圈裡的全職媽媽喘口氣呢！

另外，如果老婆因爲帶孩子，有點煩躁，有點不耐煩，接近火山爆發的狀態，別擔心也別生氣，因爲，你老婆得了全職媽媽的職業倦怠。唯一的解藥就是讓老婆放假，讓她遠離小孩去做些自己的事情。放心，沒多久，笑臉迎人的賢妻良母就回來了。

如果老婆因為帶孩子，有點煩躁，有點不耐煩，接近火山爆發的狀態，別擔心也別生氣，因為，你老婆得了全職媽媽的職業倦怠。唯一的解藥就是讓老婆放假，讓她遠離小孩去做些自己的事情。沒多久，笑臉迎人的賢妻良母就回來了。

孩子不是媽媽的全部

孩子佔滿了媽媽全部的時間

「你有幾個小孩啊？」我與同事在茶水間遇到時，突然問了我這句話。

「兩個，正好一男一女。」我泡著咖啡，回答了她的問題。

「那是誰在照顧啊？」這位剛放完產假的媽媽好奇地問道。

「是我老婆自己在照顧啊！不過大的上幼兒園，比較輕鬆了。」我說。

同事瞪大了雙眼，一副很欽佩的模樣說道：「我做完月子後，自己照顧小孩的那一個月，簡直是度日如年啊！孩子幾乎佔滿了我全部的時間，一個人窩在房間裡面，不是在吃，就是在擠奶，好像一頭乳牛喔！都沒有人可以講話，也很難做自己的事情跟休息，我恨不得趕緊逃回辦公室來。」

聽到同事訴說著照顧新生兒的辛勞，我全身也不自覺地顫抖了一下，因爲那實在是午夜夢迴之際，閉上雙眼也難以忘懷之酸甜苦辣。雖然澤澤已經上學，而花寶也兩歲了，但是照顧孩子依然佔據了老婆全部的時間，只能趁著孩子睡著後的一點點時間去休息跟整理家裡，不然就是等我下班回來，把孩子接過去後，才能短暫的放鬆一下。

「我覺得在家當全職媽媽比上班還累。」這是她在茶水間給我的結論。

孩子不是媽媽的全部

當天晚上，老婆哄兩個孩子睡著後，夫妻倆就一同坐在客廳聊天，我跟老婆說了我與同事的對話。說完後，就看到可愛的老婆，瞇著眼、挑著眉、嘴角還微微上揚著。識相的我當然立刻挪到老婆的身後，雙手扶在老婆的肩上，笑著對老婆說：「謝謝老婆照顧我們的兩個小寶貝啊，辛苦啦！」說話的同時，當然也不忘幫老婆那辛勞的雙肩按摩著。

「對了，你不是想要報名一個學做菜的課程，有報名成功嗎？」我問道。

「已經額滿啦！要等下一梯次公布了。」老婆難掩失望的神情。

「是喔！這麼可惜，那妳再注意一下開課的時間。只要是我有空的時候，你都可以去，我來照顧兩小。」我鼓勵著老婆。

我想了一想又再問道：「除了學做菜之外，妳還有沒有想要學或是想要做的事情啊？」

「有啊！我還想要去學畫畫。」老婆話沒說完，停頓了一下，看了我一眼，說：「幹嘛！一直要趕我出門的樣子？」

我淺淺地笑了一下：「不是啦！因爲我覺得老婆現階段的時間全部都塞滿了孩子，孩子的時間表就等於是妳的。當然這是因爲孩子還小，而我們又希望自己親帶所必須要承受的。不過花寶之後上學了，你也必須要把屬於妳自己的人生放回妳的時間表內。」

「花寶上學之後，我可以去上班啊。」老婆沉思了一下繼續說：「嗯，不過還要考慮到接他們放學的時間，不知道到時候能不能回到職場上。」

我：「是啊！就是因爲還有著不確定性，所以我才想要鼓勵妳趁現在找時間，去做、去學妳喜歡的事情，或許有可能會爲妳自己的未來鋪路。至於孩子就交給我吧！」

「哎呦！但是我好懶喔！你在家照顧孩子的時候，我只想要睡覺、看書跟上網耶！」老婆露出竊竊的俏皮笑聲。

我：「哈哈哈哈！當然可以呀！沒有要妳現在就去做啦！只是需要想一下，因爲我覺得孩子不是媽媽的全部。妳現在的生活理所當然滿滿地都是孩子，但是我們總有要對孩子放手的一天，到那時候，妳要做什麼呢？」

對孩子需要適度的放手

有一次，我的同學跟我說，他的媽媽一直到他高中的時候，都幾乎還是全天候的陪在身邊。早上送上學，中午送便當，下午接下課，晚上陪補習，彷彿孩子離開了媽媽就完全不行。當局者迷，其實應該是這媽媽已經離不開孩子了。我不希望老婆之後把孩子的表現和依賴，轉化爲「被需要」的養分，當成是自己的存在感與價值性，進而始終無法對孩子放手。

孩子是孩子，爸媽是爸媽，是互相牽絆但卻相互獨立的個體。照顧孩子只是媽媽階段性的責任，等到孩子發展到一定的階段，就要適度的放手，然後把多出來的時間漸漸地回饋在自己身上，延續發展屬於自己的人生。

最好的情況是當媽媽還在全天候照顧孩子的階段，有時可以託人短暫地照顧孩子，讓媽媽遠離孩子一陣子，有機會去嘗試跟探索未來可能喜愛的事物，爲往後不需要照顧孩子的自己來鋪路。

但是如果眞的沒有人可以幫忙照顧孩子，也可以試著找一群同爲全職照顧孩子的媽媽們，組成親子團，定期地帶著孩子一同去參加各式各樣的親子活動。讓整天關在家裡、面對小孩的全職媽媽，可以有外出透透氣、接觸他人、看看新事物的機會，或許在當中可以找到有趣的東西喔！

老公該怎麼做?

爸爸通常不會是孩子主要的照顧者，所以不會被孩子佔滿所有的時間。但是千萬不要有「全職媽媽都待在家裡，那應該很閒，有很多時間可以去做自己的事情。」這種錯誤的觀念喔！媽媽們是很需要爸爸們來分擔家務的。

老公最應該做的，就是要鼓勵自己的老婆，讓老婆在照顧孩子之餘，去尋找、發展自己的興趣，可以順著自己的心不斷地成長。只要老婆能從其他地方得到成就感，家庭關係一定會朝著正向的路上邁進。

不過，媽媽通常都會被孩子束縛，因爲不放心或不安心，而離不開孩子，以至於爸爸更要在工作之餘一肩攬起照顧孩子的責任，讓媽媽可以走出家庭尋找屬於自己的天空、遙望試踏屬於自己的舞台。

照顧孩子只是媽媽階段性的責任，等到孩子發展到一定的階段，就要適度的放手，然後把多出來的時間漸漸地回饋在自己身上，延續發展屬於自己的人生。

讓老婆樂當不完美媽媽

有點怒氣的訊息

叮咚！「要下班了嗎？」手機跳出了訊息，傳來的正是我老婆。「嗯！差不多要準備走了，怎麼了嗎？」正要收拾包包的我，問了一下狀況。看著正在輸入中的狀態，沒多久就傳來一個冒著熊熊火焰的人像跟這句：「你兒子把我惹火了！」此時，我完完全全可以感受到另一端，老婆打著每一個字的憤怒感。我立刻回覆：「現在要離開公司了，先別生氣，等我回去再說。」按下輸入鍵後，迅速地闔上了電腦，拾起包包往停車場方向快步走去。

我的老婆，跟許多人所憧憬的完美媽媽，有那麼一點點地不一樣。

令人憧憬的完美媽媽，對著孩子的各種狀況都有著十足的耐心，永遠是那麼的優雅，一直掛著甜美的微笑，可以很從容地帶著孩子從事各種活動，可以把孩子、老公跟家庭都照顧得無微不至，讓全天下的男人跟女人都羨慕不已。

至於我的老婆，當孩子調皮、完全不理媽媽的時候，會把對孩子的不耐外露在臉上，甚至對著孩子發脾氣；當老婆累積了一整天的疲累，看到才剛剛下班回到家的我，會對著孩子說：「爸爸回來了，那媽媽下班囉！有事情去找爸爸。」當老婆一人帶著兩個孩子出門時，一個要抱一個要追，提著大包小包，總是披頭散髮、狼狽不堪，跟優雅完全扯不上關係，有時都有點想哭了，還甜美的微笑呢！

是的，我的老婆是個不完美媽媽。

不完美又如何呢！

我一進家門，盤坐在地上的兒子，苦著張臉望著我，而老婆則是坐在沙發上，雙手交錯於胸前，眼睛瞪著兒子，對著我講著下午發生的所有事情。怎麼樣不理媽媽啊！怎麼故意讓妹妹哭啊！要他關電視都不願意關啊……等等。聽完老婆的陳訴後，就安撫著老婆：「那你現在休息吧！孩子讓我來照顧就好了。」於是趕緊催促著孩子到房間，讓老婆一個人在客廳喘口氣。

「我幫妹妹洗澡，你趕快穿衣服。」「快點過來，爸爸要幫妳包尿布。」

「你已經會刷牙了，自己刷。」「頭髮還沒有吹乾，不可以去玩。」除了我這些匆忙的呼叫聲外，還有咚咚咚的跑步聲不斷地從房間裡竄出。正當我手忙腳亂之際，老婆默默地打開房門，走了進來，我對著老婆淺淺地笑了笑，老婆靜靜地坐在床邊一同處理著孩子的事情，有了老婆的參與讓整個流程加速了不少，也少了一個人的慌亂。

關了燈，兒子跟女兒都躺好在床上，兒子對依然坐著的媽媽問道：「媽媽，那你可以陪我們睡嗎？」兒子會這麼問，因爲一向都是媽媽陪睡覺，可能會因爲惹火了媽媽而換成爸爸。女兒一聽到哥哥這麼問了，也立刻起身，走向媽媽，貼靠在媽媽身上，帶點撒嬌地說：「我要媽媽陪我睡覺。」老婆點了點頭，爬上了床，躺在孩子的中間。我緩緩地走出了房門，孩子開心的竊笑聲還是不經意地飄出門縫。

我的老婆會對著孩子生氣、會不耐、會有遠離孩子的念頭，這是每個人都會有的正常情緒。不是升級成「媽媽」之後，彷彿各種負面的情緒就要隱藏起來，立即變身爲大家眼中的好媽媽、好老婆。況且等到情緒緩和了之後，媽媽，還是會回來的。

只要有正確的發洩情緒方式，而且愛孩子的心是永恆不變的，我的老婆是個不完美媽媽又如何呢？

找到自己的快樂

「孩子們都睡著啦？」我聽到了從房門悄悄地出來的腳步聲問道。「嗯！」老婆轉身往廚房走去。我跟了過去，對著老婆背影，一個箭步跨過去，雙手抱著老婆的腰，頭靠在肩上，隔著髮梢輕聲地說道：「怎麼？不生氣啦？」老婆撇頭看了我一眼，掙脫我的手，拿起杯子倒著水回應：「等一下你回房間睡覺的時候，要記得幫兒子穿肚圍喔！還有女兒的皮膚又過敏了，要幫她擦藥。」我瞇著眼看著老婆，開玩笑說：「幹嘛還要關心兒子啊！今天居然讓我的老婆大人這麼生氣，不要理他了。」老婆只是冷冷地白了我一眼。

走回客廳的同時，老婆說道：「我也知道不用對兒子這麼兇，但有時候實在是太生氣了，眞的是忍不住。」說完突然停下了腳步，跟在後面的我也跟著頓住。老婆一個轉身對著我說：「你，先說好喔！不可以拿我跟其他的媽媽來比較喔！」我順勢把老婆摟在懷中：「當然，妳就是妳自己，妳有妳的個性，妳有妳愛孩子的方式，跟每個人一樣，都是最獨特的。最重要的是妳要先快樂，老婆快樂了，我跟孩子才會一起快樂。」

老公的理解、安慰、讚美與分擔

有時候我在想，許多媽媽把自己當成完美超人，除了自我個性使然，與期望成為他人眼中的幸福人妻之外，或許老公佔了很大的因素，那種不得不把家庭大小事一肩扛的無奈。再堅強的媽媽也是有各種情緒的人，有時最需要的就是老公的理解、安慰、讚美與分擔。

減少男主外、女主內的傳統觀念，理解老婆面對孩子的負面情緒、安慰老婆面對孩子瑣事的挫折感、分擔照顧孩子的責任，讓老婆放下要成為完美媽媽的沉重壓力。如此媽媽們在照顧孩子跟老公之外，可以做回自己，特別是工作、家庭都要面面俱到的職場媽媽。有了老公的理解、安慰、讚美跟分擔，可以讓不完美的尖角，變得比較圓潤；同時也可以接受與欣賞自己的不完美，而不會陷入彷彿什麼事情都做不好的沮喪當中，或凡事都要求做到最好的高壓期許之中。

另外，當老公在照顧孩子的時候，老婆切忌在旁指責、碎念，或因看不下去而又攬了過去。要放寬心並把標準降低，拋開孩子做些自己的事，堅信著只要沒事情就是好事情的信念。畢竟，另一半也是個不完美爸爸啊！

媽媽是人，但不是超人，更用不著是彷彿什麼都可以做到的完美媽媽。我跟孩子們愛老婆的優點，也愛著她所有的不完美。讓我們接受自己與對方的不完美，然後合併一起，形成這個家的完美。

讓我們接受自己與對方的不完美，然
後合併一起，形成這個家的完美。

育兒瑣事大轟炸

老公下班後

又結束了忙碌的一天，快速地整理公事包，按了公司大樓的電梯，眼神用力盯著那跳動的數字，希望可以擁有超能力讓它立刻跳躍至我在的樓層。騎著摩托車，急切地瞪著每個紅燈的倒數，多倒退一個號碼，表示我離到家又近了一秒鐘，因爲我知道家中的老婆跟兩個孩子正等著爸爸趕快下班回家。

大門的鎖發出了聲響之後，就像骨牌效應似地，「砰砰砰」的跑步聲、客廳的開門聲、「爸爸！爸爸！」的呼喊聲，一聲接著一聲、一齣連著一齣。最後上演的戲碼，當然是我蹲在門口與兩個孩子緊緊相擁在一起，「爸爸，你回來了！」「對啊，爸爸下班回來啦！」

除了兩個孩子之外，最開心的當然還有整天都在照顧孩子的老婆。「媽媽下班囉！有事情去找爸爸。」於是，我開始從老婆那接手了孩子的所有事情，從餵飯開始直到上床睡覺，就像劈哩叭啦的鞭炮聲，毫不間斷地連續堆疊著。終於，看著他們熟睡的臉龐，出了房門，癱坐在沙發上。

老實說，我眞的累壞了。

老婆的育兒瑣事大轟炸

看著電視，悶不吭聲的我，只想放空休息一下，就算把電視從第一台轉到第一百台也開心。但是一旁的老婆，彷彿從無人島回到了城市，看到人就像看到了珍禽異獸般地稀奇，虎視眈眈並且深情款款地望著我，迫不及待地想把一整天發生的事情，一五一十，連細節也不放過的跟我詳細交代。

「今天早上我帶他們去菜市場的時候，妹妹一直要我抱著……」老婆說。

「嗯！」我看著電視

「在公園的玩的時候，妹妹一直在摸地上，怎麼講都不聽……」

「是喔！」我依然看著電視

「兒子吃飯的時候又到處亂跑！！你要講講他啦……」

「喔，好啊！」我兩眼還是盯著電視

「今天你的兒子跟女兒又吵架了，妹妹搶了哥哥的玩具不還，哥哥就動手搶回去，妹妹也動手抓哥哥，兩個人就大哭……」

老婆話沒說完，我一個深呼吸，轉頭就問：「然後呢？你是怎麼處理的？」

我事後想起會這樣劈頭就問的原因，就是被這一連串孩子的事情連續轟炸後，心中莫名地冒出：「妳有什麼教小孩上的麻煩，我來告訴妳解決方法，跟妳講了答案後，請讓我安靜的看電視。」

「我叫妹妹把玩具還給哥哥，但是她一直在大哭不理我。」老婆繼續說

「你應該要先安撫他們兩個，讓他們不要哭啊！」

「我有啊！我有叫他們不要再哭了。」

「不是，妳要先同理他們，他們才會覺得媽媽是懂他們的，才會讓他們聽妳說話。」

「我知道啊！可是……」老婆有點變了臉色。

「可是」之後，老婆悶著一張臉，停了幾秒鐘。當然我也不是笨蛋，心裡知道「有狀況」。我立刻摸了摸老婆的肩膀，緩和的問：「可是什麼呢？」

「不說了。」老婆說完起身就往廚房走去。

我也一肚子火，心想：「奇怪！不是妳要問我問題的嗎？我不是在告訴妳怎麼做嗎？妳幹嘛生我的氣？」

原本是孩子睡著後的放鬆時刻，卻變成我倆的不歡而散。

男人與女人的差異

夫妻倆床頭吵床尾和，雖然我不認為自己有錯，還是和顏悅色地去跟老婆和好。

「老婆，怎麼啦？幹嘛生氣啊！」我說。

「你剛剛的回答就像是在敷衍我，然後很快地要教我怎麼做，是不想跟我講話嗎？」

「怎麼會？我只是以爲你需要我的意見啊！」

「其實你講的那些我都知道。我只是單純的想要跟我老公聊聊天、講講小孩而已，不是要聽你講道理。如果我有需要你幫忙給建議的時候，我自然會告訴你。」

原來，我陷入了男人與女人的思維差異的錯誤。

老婆跟我講一整天的育兒瑣事，其實就是在跟我「分享」她跟孩子的每一個時刻。老婆知道我要上班，有時候沒辦法參與孩子的生活，告訴我所有的細節，也是讓我在孩子成長的道路上不會錯過太多。而且，站在老婆的立場想一想，一整天只對著兩個小孩，很多時刻都是在管教，可以好好「聊天」跟「講話」的機會還眞的是不多。現在，好不容易孩子都睡著了，可以跟老公說說話的機會也只有這個時候了。況且，老婆現在的生活就只有小孩，她不跟我講孩子的事情，還能講什麼呢？

當老婆說起孩子跟生活的瑣事時，我們男人總是認爲老婆需要的是「解決的方法」和「處理的方式」，於是開始給建議或講道理。其實有時候老婆只需要我們打開耳朵、雙眼看著她、用心去「聆聽」跟「回應」就可以了。就像是某齣台灣偶像劇的一段台詞：「女人都希望她的男人聽她說話，只要聽就好了，她就會很開心。去了解她心裡想要的，每天跟她多說幾句我愛妳，相信我，這樣眞的很有用，請你千萬要記得。」說得實在是太貼切了。

「不一定要給答案，有時候只要傾聽就好。」老婆，我知道了！

適時地表達內心

事後我也有問老婆：「那如果我眞的很累，想要安靜一下，我要怎麼跟妳說呢？」

老婆：「你就明白跟我說：『老婆，我現在好累，讓我休息一下，等一下我再好好地陪妳聊天。』這樣我就知道了，等你休息夠了，我再來吵你，哈！」

夫妻照顧孩子，沒有「幫忙」這回事

我是在幫你的忙

　　澤澤與花寶都上學了，我與老婆難得有空閒時間，與友人約在餐廳相聚。我們聊著天，而友人的老婆在一旁忙碌地照顧孩子。服務生端菜上桌，友人老婆提醒著兩個孩子：「要吃飯囉！把玩具都收起來了。」一邊叮嚀著，一邊還要把餐碗拿出來，開始分食給孩子，再拿出剪刀，細心地剪碎碗中的食物。此時，孩子們爲了搶奪玩具而大聲的爭吵著，兩人硬抓著玩具沒有要相讓的意味，友人老婆只好放下剪刀，起身排解糾紛。突然一個用力，孩子把碗給撞翻了，半倒的碗，些許飯菜傾倒在桌上，但爭執卻沒有因此而停止。友人老婆有點生氣地轉身對她老公說：「你可不可以過來處理一下？」

友人應該是有感受到老婆的怒氣，立刻起身去處理。慌亂的狀況好不容易稍微解除了，友人才回到位置上，他的老婆立刻說：「還沒有處理完啊！請你餵孩子吃飯。」友人臉上露出不情願的表情，碎念著：「好啦！好啦！我都已經在幫忙了，妳講話幹嘛這麼兇啊！」聽到「幫忙」二字的友人老婆，不顧我們在旁邊，更加生氣的說：「什麼幫忙？孩子你也有份，不要說得一副孩子的事情都不干你的事一樣。」

此時，我們完全不敢說話，趕緊低頭裝沒事吃飯。

「男主外，女主內」的傳統觀念，似乎有點簡單地把家給一分為二了。老公只要負責上班賺錢，至於家裡的所有事情，包括照顧孩子，都屬於老婆的責任，尤其是全職媽媽特別明顯。所以才會有「這不是我應該要做的事情喔！我做了是在幫妳的忙」的觀念出現。

孩子就是夫妻共同的事

回家的路上，老婆好奇的問我：「你怎麼都沒有這種想法啊？」我疑惑地反問：「什麼想法？」老婆說：「認為孩子的事情都是我的事啊？畢竟我沒有上班，主要就是在照顧孩子啊！」我想了一想說：「嗯……我也不知道耶！」老婆追問：「家裡的事情，我們也都會做簡單的分配啊！那為什麼孩子的事情，只要你在的時候，反而做得比我還多？」我笑了一笑說：「因為東西是死的，孩子卻是個活生生的人啊！」老婆聽不太懂：「什麼意思啊？」我解釋：「家事可以依照每個人的工作性質與時間，討論誰做的多或少，但孩子的事則不然。因爲，「照顧孩子就是在跟孩子產生情感的交流與累積。」

衣服不會洗一洗就跟我們撒嬌，垃圾不會帶到外面去倒就跟我們討親親，碗不會跟我們聊天，拖把不會跟我們牽手，但孩子會與我們有互動、有情感的連結。孩子會因爲我們照顧他而產生信任感；孩子會因爲我們陪他玩而依賴；孩子會因爲我們跟他聊天而分享心事；孩子會因爲我們長時間情感的累積而產生思念。

親子之間情感的堆疊，需要每一件照顧孩子的小事來累積。

假使我們如此容易地把孩子的事情都劃分爲某一方的責任，會因爲很累，就不想去照顧孩子；下班想要休息，認爲照顧孩子是被逼的、只是在幫忙。這種打從心底的不願意，當然無法與孩子之間產生情感的交流，而孩子也會離我們越來越遠，特別是心靈上的疏離，不會因爲爸爸或媽媽這種表面上的稱謂而拉近。我深深地相信著，我們現在不理孩子，孩子將來也不會理我們。

所以孩子的事情就是夫妻倆共同的事。

夫妻的互相體諒與溝通

雖然孩子的事情沒有一定是屬於誰的，不過還是可以依照夫妻倆擅長的事情來區分以誰爲主。老婆比較細心，可以幫孩子看功課；老公玩心較重，可以跟孩子講故事、玩遊戲。老婆音感比較好，可以陪同孩子練鋼琴；老公ＥＱ比較高，可以處理孩子的情緒狀況。

另外，夫妻之間可以彼此互補一下。老婆餵嬰兒的時候，老公可以洗奶瓶；老婆面對孩子已經不耐煩了，老公可以立即接手管教；老公下班了有點累，老婆可以照顧孩子一段時間再換手給充了電的老公。

誰會做就誰做、誰能做就誰做、誰可以做就誰做。沒有一定跟絕對，只有互相支援與體諒，而重點在於要溝通。

老公在外上班，壓力是挺大的，老婆在家照顧孩子，心情也是很煩躁的。不是看誰賺錢多或少，也不要指責對方照顧的不好。只有互相溝通，適度地傳遞內心的想法：「老公，我今天不太舒服，你再替孩子洗澡喔！」「老婆，我晚上要加班一下，要你陪孩子睡覺囉！」最後再加上「謝謝你喔！」「最愛你了。」「我就知道你最棒了。」只要平時對孩子的付出是真心的，而非一副只是在幫忙的模樣，相信另一半都會體諒的。

家事，是全家人共同的事

快速流逝的時間

老婆一大早就出門辦事，於是開啓一整天的奶爸模式。從八點三十分開始，先送澤澤去上營隊，回到家的頭一件事，就是把髒衣服放進洗衣機，再把晾乾的衣服收下來，拿到客廳，一邊摺衣服，一邊陪花寶畫畫。摺好後，把衣服歸位，放回每個人的衣櫥內。接著，等髒衣服洗好後，一件一件拿出來攤開晾好。然後，再洗髒襪子，回到客廳與花寶玩扮家家酒的遊戲。

最後，把洗好的襪子晾好後，抬頭一看時鐘，倒吸了一口氣，哇賽！沒有想到，居然已經十二點了。一個早上咻地一聲就過去了，還不包括買菜與煮飯。於是，由衷地對老婆產生無比的敬佩。

「老婆，今天我實際做過之後，才發現妳好厲害喔！」老婆回來後，我跟她說。

「做什麼？」老婆一臉疑問？

「家事啊！我平時做個一、兩項還不覺得。今天一次做好幾項，才發現時間怎麼過得這麼快。」

「對啊！所以有時候你問我平時都在幹嘛？我想一想，還眞的沒幹嘛，但是一天又過了。」

「像你平時還要接送孩子、掃地跟拖地，一整天下來就像是在打仗一樣嘛。」

「所以只能抓一些零碎的時間來休息囉！」

「哇！辛苦辛苦。來，老公幫你按摩一下。」

有時候會聽到女性友人在抱怨：「老公都覺得我在家很閒。每當聽到，髒衣服是洗衣機洗又不是手洗的時候，整個都火大。」的確，髒衣服跟襪子都是洗衣機在洗，不是由人花時間洗，但是依然要有人放進去，甚至有的衣服需要刷洗、有的衣服需要翻面、有的衣服需要放進洗衣袋，這些都需要時間。況且，洗好衣服後，還要晾、要收、要摺等，也都需要時間。只有實際親身做過一遍，才會眞正的體驗到每件家事的細節與瑣碎，而非自認爲的簡單與輕鬆。

家事，就是共同的事

每年的春節前，我們都會把家裡做個徹底大掃除。澤澤與花寶還小的時候，家中的清潔工作，理所當然都是我與老婆。等孩子大了，也開始慢慢把一些事分給他們，像是整理房間的書櫃與玩具櫃，還有擦拭桌子跟櫃子等。當然，第一年的時候，澤澤也是百般的不願意。

「我不想要擦桌子！」澤澤拿著抹布哀怨地說。

「一起來嘛！把我們的家變乾淨啊！」我拖著地板跟澤澤說。

「但是爲什麼我之前不用做？」

「因爲你之前還小，很多工具都拿不動，也不知道該怎麼做啊！」

「那……爲什麼現在就要了？」

「因爲你有力氣了，也知道該怎麼樣整理東西啦！況且，這是我們的家，弄整齊的話，也是大家一起享受，所以當然要一起做囉！」

「所以妹妹也要一起做囉！」

「當然啊！不過事情不一定會相同，我會依照你們的年紀跟能力，分配適合的家事請你們做。」

「喔，好吧！那我要先整理玩具櫃。」聽到妹妹也有一起，有些釋懷的澤澤說。

家人之間可以依照每個人的工作性質與時間，討論出來誰做的多或少。像我老婆是全職媽媽，在家的時間多，所以做家事的比例會比較多一些。但是，我們一定要有一個正確觀念，家事並沒有絕對的歸屬與責任，基本上是誰看到就誰做，誰有精神就誰做。我下班回家了，看到剛收下來的乾淨衣服，會邊看電視邊摺；假日在家，看到地上有灰塵與毛髮，會捲起衣袖來吸地板；老婆煮完飯，看到垃圾桶滿了，會自動收拾拿到外面去倒。

因爲，「家事」就是全家人共同的事。不應分你我，而是「我們」。

同時也要讓孩子一同參與。不管是孩子自願，還是爸媽要求，依照他們的年紀與能力，分配適合的家事。可以從個人的事情，逐步地衍伸到共同的事。因爲這個「我們」包括家中的每一個成員，直到我們的孩子離開這個家，另組屬於他自己的家庭爲止。

既然家事是屬於他們份內之事且應盡之責任，絕對不可以採用獎賞的方式，不然當做家事成爲獲取物質與獎金的手段的話，那就失去了負責任的實質意義了。但我們可以因孩子做了家事而給予實質稱讚，讓他們從讚美聲中，感受到全家人一起努力與達成的氛圍，沉浸在一同把家變得整齊又乾淨的舒適感。再從我們的硬性要求，循序漸進地成爲他們的職責。

我們的以身作則

想要鼓勵孩子動手做家事，最重要的一個因素，就是我們的以身作則。假使，老公都坐在沙發上出一張嘴，使喚著老婆去做所有事。孩子看在眼裡，一定會產生「爲什麼都是爸爸在叫我們做？」「怎麼爸爸都不用做家事呢？」的疑惑，如此一來，要求孩子做家事的每一次，都可能是爭執與衝突的開端。因爲孩子無法體會爸爸在外的辛勞，只會有爲何都是我們在做而你不用做的不平之聲。

若以老公的角度，對老婆把家事一肩扛，可能視爲理所當然；如果換成以爸爸的角度，看到女兒結婚後，把照顧孩子與所有家事全攬在身上，面對一回家就坐在沙發上，看電視休息的老公，卻絲毫沒有怨言的時候，相信絕對會心疼不已。至於女兒爲何願意如此任勞任怨，或許從小到大看到媽媽把家事全覽在自身的耳濡目染，會是影響的原因之一喔。

所以，千萬不要認爲老婆平日在家都很閒，更要一同攜手把家事成爲全家人的共識。我們的以身作則，正是提供孩子一個良性的示範，不僅是兒子將來在家庭參與的榜樣；對於女兒，更是將來夫妻相處的典範喔！

因爲，共同承擔生活裡的事，才能稱作一個「家」呢！

老公們請小心，千萬不可對全職媽媽說的五大地雷句型

某天晚上，我與老婆一同陪著澤澤和花寶睡覺，時鐘滴答滴答的響，一家四口躺在床上整整一個小時，那兩位應該早已呼呼大睡的小鬼，卻依然睜大著雙眼，企圖找我們聊天。由於時間實在太晚，我微皺眉頭，加重語氣地嚴厲斥喝著：「你們整整躺了一個小時，為什麼都還不睡？」老婆接著回：「因為他們下午睡覺睡得有點久。」我心想：「天啊！」更不耐煩地問道：「妳讓他們下午睡這麼久做什麼？」此時，老婆沒有回話。

後來澤澤與花寶終於睡了，我們出了房門，此時我感受到一團冷空氣從老婆的周圍散出，讓我不禁直打哆嗦，原來，我剛剛帶點質問與責怪的話語，不小心踩到老婆的地雷了。

痛定思痛的我，興起想要挖出所有老公要注意的地雷話語。經過明查暗訪，詢問了許多全職媽媽的朋友們，探查出了千萬不可以對全職媽媽說的五大地雷句型。期望全天下的老公們可以銘記在心，勿忘我這一番辛勞呀！

一、總認為老婆在家帶小孩很輕鬆、有很多時間

絕對大爆炸的句子有：

「妳待在家都沒什麼事，怎麼不整理一下？」

「妳說妳很累，每天就帶小孩而已有什麼好累的。」

「有什麼好累的？那你自己來照顧看看，看是有多厲害！」相信全職媽媽們聽到這一類話語時，心中一定會產生這樣的OS。

會有如此想法的老公，應該很少獨自與孩子長時間的奮戰過吧！只要有過一個人親自且長時間地照顧孩子、陪孩子玩，而非交給「3C保姆」的老公，就絕對會知道，全天候照顧孩子是一件多麼累人且辛苦的事情了，特別是越小的孩子照顧起來會越累，因爲沒有時間可以休息，即使有那一丁點兒時間，也早已累癱，不想做任何事。唯一的例外就是孩子睡著後的幸福時光，「老娘終於可以做自己的事情」的小確幸。如果老婆把這小小幸福時光，拿來做自己的事情，是應該；拿來做家事，是我們的福氣呀！所以，家裡亂亂的沒整理，沒有關係啦！看不過去，我們可以自己動手啊！

不相信？請自己照顧小孩一整天，就絕對再也不敢說出這類地雷話了。

二、覺得教小孩的責任在老婆的身上

肯定大爆炸的句子有：

「孩子都是妳在教的，他怎麼還不會？某某家的孩子都已經會了。」

「妳是怎麼教小孩的？教成這樣！」

即使老公在外努力工作賺錢，對於孩子的教養責任，也不能置之不理或是認定都是老婆的事情喔！我們要時時與老婆聊天且多與孩子相處，才能了解孩子的狀況，也可知道老婆平時在管教孩子的原則與界線。如果有不認同的地方，不應是指責或比較，而是要與老婆溝通與討論，並非把孩子的事情簡單地分爲妳的事還是我的事。簡單的說，孩子的所有事，都是夫妻倆的事。

況且，孩子還是跟我們姓呢！那我們做爸爸的，是不是應該把教育孩子的責任也攬一些在身上呢？

三、貼心的自目建議

保證大爆炸的句子有：

「妳很累的話，就跟著孩子一起睡啊！」

「妳今天忙到很多事都沒有做？那妳應該要好好管理你的時間喔！」

「等孩子睡了，我才可以做其他事，請問我要怎麼睡？」「所以你是在嫌我時間管理很爛囉！」貼心的建議，卻得到老婆的怒火相向，老公會有一種關心反而討罪受的感覺，或是根本不知道哪裡說錯話的無奈感，甚至吵架了也不知道為何而吵。

說穿了，眞相只有一個，那就是我們男人太愛給意見了，總以為老婆跟我們的談話，都需要我們「提供解決方法跟處理方式」。貼心是很好，但有時候老婆講著當天發生的大小事，只要傾聽就好，不是一定要給意見的。

「是喔！老婆辛苦了，我等一下來幫妳按摩按摩。」「沒做完沒有關係啦！之後有時間再做就好。」只要同理、傾聽與回應，反而換來老婆親切的笑容與溫暖的擁抱喔！

四、與其他的媽媽做比較

一定大爆炸的句子有：

「職場媽媽下班回家還要帶小孩，你不用上班只要帶小孩而已耶！」

「某某媽媽都可以一邊顧小孩一邊把家裡整理好，妳可以跟她學習啊！」

「某某爸爸下了班都會幫忙照顧小孩，哪像你都在打電動！」當老公聽到老婆對著我們說這比較的話語，又會是什麼感受呢？「幹嘛拿我來跟他比，那妳去跟他結婚啊！」的氣話，難免又會在心中浮現。既然如此，老婆聽了又何嘗不是如此呢？

或許我們用這些比較的話語，目的是希望另一半可以更好，但聽在對方的耳裡卻不是滋味。即使立意是好的，但用了不對的方法，不但沒有見效，反而會大大的扣分。

理解雙方的辛勞、讚美對方的每一個好、體諒你眼中的不好、減少比較的心態，或許才是讓另一半可以更好的良藥喔！

五、有了小孩之後，老婆變成了媽媽，但老公依然做自己

當然大爆炸的句子有：

「白天上班好累，晚上我要休息（打電動或做自己的事）。」

「我在外面忙一整天了，可不可以叫孩子不要吵，讓我安靜一下。」

有了孩子之後，老婆轉變成媽媽彷彿是理所當然的，不過，老公下班回到了家，還是看著電視、手機；朋友一約，就可以立刻出去；在外面吃飯等。都是老婆在顧小孩，老公卻悠哉地在一旁吃飯、聊天。如此，老婆一定滿腹怒氣，向上天吶喊著「不公平」吧！

老公們，在外頭打拼、辛苦賺錢之餘，請別忘了我們還有「爸爸」這個角色喔！勿把自己定位成「提款機」而已。試著從工作與孩子的生活中取得平衡，檢

視自己的工作表，每天固定安排一個時段陪伴孩子。用心地陪孩子玩，讓孩子感受到「爸爸」的魔力。切忌認為賺錢就是老大，畢竟這個家需要靠夫妻倆一起努力維持經營。

夫妻的體諒與溝通

每個人都會有不願意被碰觸到的地雷。老公們最大的地雷應該是「已經有在做了，老婆還在一旁碎念不止」。既然夫妻倆的目標都是為了這個家好、為了孩子好，那何不一起找到平衡點、互相多多溝通，雙方各退一步，以對方的角度去思考，避免會引爆衝突的禁句。關心彼此、多說好話、多點稱讚、多些笑容，這樣，日子即使一成不變，也會過得比較開心且快樂喔！

我們做老公的若不小心踩到了老婆的地雷，也請等老婆氣消了之後，一定要告訴老公：「你剛剛那樣說，其實我聽了很難過。」適當的找到雙方都可以接受的溝通方式，表達自己的感受與情緒，不只是一味地批評與指責。如此，深愛這個家的老公，一定會慢慢的調整自己。

「家」應該是一個充滿愛的地方。多了一個孩子，理當增加更多的愛，但一個不小心處理不當，反而累積了埋怨。因此，多些溝通與配合，少點怨言與斥責，笑容與笑聲才會環繞在家裡的每個角落。我們一起攜手努力，讓家成爲一個沒有地雷，只有愛的所在吧！

5

幸福家庭，從改變開始

讓孩子依賴的時光，只有現在

手足之間不做比較

「為孩子好」，勿批評謾罵，直接用正向溝通

與孩子的旅行，我們記得就好

人生一起走到最後的，不是孩子，而是另一半

請尊重孩子的主要照顧者，別插手管教

該如何處理長輩介入父母對孩子的教養

用愛來擁抱孩子

讓孩子依賴的時光，只有現在

喝了一口咖啡，只見朋友瞪大眼睛驚訝地看著我：「什麼？你還在陪兩個孩子睡覺喔？」我緩緩放下了咖啡杯，點了點頭：「對啊！」朋友問道：「澤澤都快要八歲了耶！怎麼不讓他自己一個人睡？」我聳了聳肩說：「有啊！之前有試著讓澤澤自己睡一段時間，不過沒多久又回來跟我們睡了。」朋友再問：「當時爲什麼不堅持久一點，可以訓練他獨立啊！」我想了一下反問：「爲什麼一定要孩子這麼小就獨立呢？」

記得小時候都是跟奶奶一起睡，喜歡奶奶陪在我身邊的安全感。後來爸媽希望我能夠自己睡，但偶爾還是會偷偷溜去奶奶的房間，奶奶一看到開門的是我，竊喜的表情絲毫無法掩飾，祖孫倆都會來個大擁抱，再跳上床一同窩在被窩裡。每次一想起，都是個很美好的回憶，即便奶奶已經不在了。

循序漸進，慢慢的放手

我們會把孩子的自主當成一種驕傲。「幾個月大我就訓練他自己睡了！」「他現在可喜歡自己吃飯呢！都不要我餵。」「我把他關在房間裡，哭一哭就自己出來了。」甚至有大人或孩子的同學，會把孩子跟爸媽的撒嬌行為，拿來開玩笑。「哎呦！小BABY喔！這麼大還讓爸爸抱著走。」「哇！小二了耶！吃飯還要爸爸餵喔！」「羞羞臉，要爸爸幫你洗澡。」

孩子能夠自己睡覺、自己洗澡、自己吃飯，的確很棒，當然值得鼓勵與稱讚，然而能夠自理生活起居，只是獨立過程中的一小部分罷了。眞正的獨立，是能夠爲自己的所作所爲負起完全的責任。而爲自己與他人擔起責任的行爲與態度，要在生活上的每一件小事，從小到大慢慢養成的。打翻水了，自己去拿抹布擦拭；撞到人了，會關心與道歉；玩了玩具，會自己收拾好。

而這些對爸媽有著強烈依附性的行爲，並沒有明文規定到了幾歲一定要做到什麼程度。有的孩子可以自己睡，有的孩子喜歡有人陪著一起睡。每個人的個性都不同，每個年齡層的發展也不一樣，無法用單一標準來看待孩子與爸媽的關係。況且，現在我們長大了，跟媽媽搭個肩，都會有些不好意思，跟爸爸喝個酒，還會有些彆扭；年紀漸增，依賴與撒嬌相對減少。遲早有一天，澤澤會跟我說：「爸爸，我想要自己睡覺了。」到了那個時候，絕對樂於讓他一試。反正早會晚會遲早都會，所以循序漸進，慢慢的放手即可。

値得回憶的親暱時光

小學二年級，早就會自己洗澡的澤澤跟我說：「我今天想要爸爸幫我洗澡。」我一定說：「好啊！」在幼兒園都是自己吃飯的花寶跟我說：「爸爸餵我吃飯。」我也會說：「可以啊！」重達三十公斤的澤澤對我撒嬌著：「剛剛打球好累喔！爸爸背我。」我還是會說：「沒有問題。」畢竟，能與孩子如此親暱的時光，還有幾年呢？

當孩子想對我們撒嬌的時候，用不著說：「你都幾歲了？」只要說：「好啊！當然沒問題，因爲我最愛你了。」當他人用開玩笑的口吻說：「羞羞臉，你是小BABY。」我們可以說：「是啊！他永遠是我最愛的寶貝。」珍惜孩子在我們身邊的每一個日子，被依賴一下又何妨呢？搞不好到了眞需放手的時候，失落的是我們喔！

能讓孩子依賴的時光，就只有現在啊！而這些時光，相信會成爲我們將來最美好的回憶。

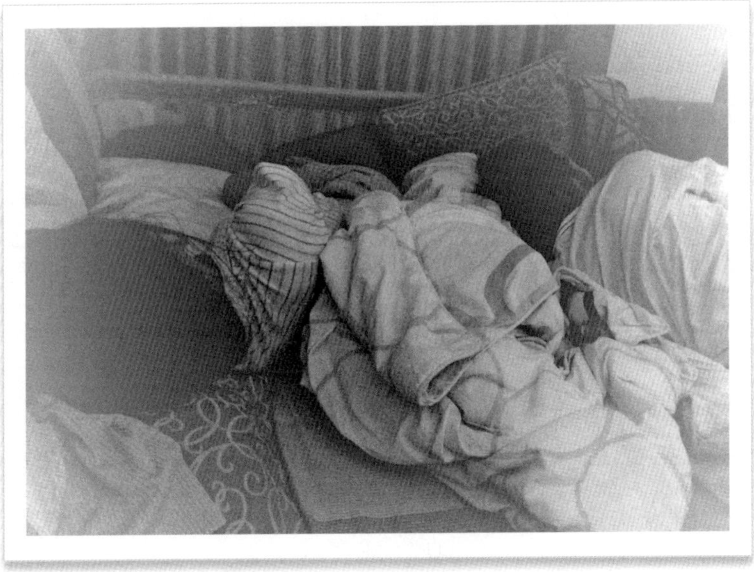

能讓孩子依賴的時光，就只有現在啊！而這些時光，相信會成為我們將來最美好的回憶。

手足之間不做比較

我在捷運上看著書，對面坐著一位媽媽帶著兩兄弟。哥哥很穩重地坐在位置上，弟弟則是不斷地動來動去，一下坐著東摸西摸，一下轉身跪著看窗外，甚至在車廂內跑來跑去。媽媽幾次的喝斥：「給我回來坐好。」「不准再跑了。」弟弟彷彿完全沒聽到的樣子，依然不受控制。捷運一個小顛簸，弟弟有些不穩地晃了一下，媽媽站了起來，一手抓住弟弟，大力往回拉，強壓在位置上，對著他破口大罵：「可不可以像你哥哥一樣乖乖坐好啊！你們兩個喔，就你最不聽話了。拜託，多跟哥哥學學，不要讓我一直念你好不好啦！」

我知道這位媽媽的目的是希望弟弟可以跟哥哥學習，卻不自覺地做出了手足之間的比較。當爸媽時常不經意地在手足之間做比較，即便用意是好的，但美麗話語的包裝裡，卻會讓孩子有種爸媽愛我多或少的排名與計較，心中強烈地感覺這個人是要跟我競爭的，而非一起長大、互相扶持的兄弟姊妹。

一般爸媽會對手足做出兩種比較話語：「激勵型」與「抱怨型」。

激勵型的比較話語

當爸媽對著妹妹說：「你的成績考這麼爛，要跟你哥多學學，看哥哥多用功啊！」原本是希望成績不好的妹妹，可以向哥哥看齊，與他學習，期望在妹妹的心中可以有著「嗯！哥哥真棒，我要跟哥哥一樣。」的激勵想法。

其實並不然，妹妹的心中反倒會這麼想：「哼！反正在爸媽心中，我永遠不如哥哥。」這種滿滿挫折的失望感，反而更加討厭一直比自己優秀的哥哥。

當爸媽對著孩子說其他的手足有多棒、多厲害，這種我們以爲的激勵方式，孩子內心卻會有「我不如他」的氣憤；我們以爲的鼓勵，孩子潛意識裡卻會有著「爸媽比較喜歡他」的無奈。

抱怨型的比較話語

當爸媽對著妹妹說：「你是家裡最乖的女兒，千萬不要你哥一樣，調皮搗蛋。」原本只是在妹妹面前抱怨一下調皮的哥哥，希望她能夠引以爲戒。期望在妹妹的心中可以有著「嗯！我要一直當最乖的女兒。」的正面想法。

其實並不然，妹妹的心中反倒會這麼想：「哼！連爸媽都說哥哥不好，那我更看不起他了。」這種高高在上的優越感，反而更加看不起在爸媽心中不如自己的哥哥。

當爸媽對著孩子說其他的手足有多糟糕、多不乖，這種我們以爲的抱怨，孩子卻會有「我比他行」的優越感；我們以爲的提醒，孩子卻會有「爸媽當然比較喜歡我」的驕傲感。

其實在爸媽的心中，對於手足的愛都是一樣的。會說出激勵或抱怨的比較話語，通常是因爲眼中滿是孩子的缺點，而不自覺地做出手足之間的負面比較。如此一來，可能成爲長大後手足不合的原因之一。因爲當孩子的心中有爸媽比較愛我或比較愛他的心思出現，不管爸媽實際上對我們有多好，內心都是不滿意與不知足，只會有不公平的埋怨，而不知感恩。

我們應該這麼說

有一次，吃完晚餐後，老婆收拾碗盤，而我準備要切水果。花寶跑到我的跟前，小小聲的詢問：「爸爸，我想要幫忙切水果。」擔心拿刀子有些危險，於是交代別的任務給花寶：「請妳幫我把切好的蘋果，拿去泡鹽水，然後放在盤子上，好嗎？」花寶很開心地點點頭。花寶在擺盤的時候，我想到了澤澤，往客廳望去，他在玩玩具啊！心裡頭不禁想著：「妹妹都會主動要來幫忙，哥哥怎麼都不會呀？」

如果我用刺激型的話語，跑去跟澤澤說：「你喔！都不會來幫忙做家事，多跟妹妹學學，妹妹都會主動幫忙，哪像你。」或是用抱怨型的話語，轉頭跟花寶說：「你最乖了，不像哥哥，都不會自己說要來幫忙。」這兩種說詞都會產生不好的後續影響。

我跟花寶一起端著水果出來，放在餐桌上後，馬上對著老婆，用澤澤與花寶都可以聽到的音量大聲地稱讚道：「老婆，剛剛妹妹很棒喔！是她自己主動說要幫忙準備水果，超棒的喔！」再蹲下身，摸了摸花寶的頭：「妳眞的是我們最厲害的小幫手呢！」花寶露出了得意的笑容。

沒多久，原本在客廳玩玩具的澤澤，走了過來，小小聲的問老婆：「媽媽，有沒有什麼是我可以幫忙的？」老婆想了一下：「啊！你幫忙擦桌子好了。」說完，澤澤去廚房拿抹布，開始認眞地幫忙擦桌子。當然，澤澤擦完桌子後，我們也給他一個大大的稱讚與擁抱。

我們希望手足之間可以互相學習、一起進步，其實很簡單，只要具體地稱讚每位孩子獨一無二的優點、用心地鼓勵每位孩子發自內心的行爲，然後音量自然地讓另一個孩子聽到即可。既可以對做得好的人給予肯定，又可以引發他人的正面思維。

像澤澤聽到了我對花寶的稱讚，他的心中一定是這樣想：「哇！爸爸讚美妹妹耶！好棒喔！我想要和妹妹一樣被爸媽稱讚。」從內心的羨慕轉化成實際行動，主動開口詢問。如此，才會達到眞正激勵的效果，又不會傷到手足之間的和氣喔！

「沒有比較，只有讚美」，讓孩子感受到爸媽的愛，是持續增加的，而不是在計較中被磨損。

「爲孩子好」，勿批評謾罵，直接用正向溝通

有一天，帶澤澤與花寶挑戰爬象山，成功登上觀景台後，略做休息就準備要慢慢下山了。此時，聽到身旁一位媽媽對著她的孩子說：「好臭喔！是不是你啊？」孩子搖搖頭：「我不知道。」媽媽很確定的口吻：「就是從你那邊傳過來的味道啊！看一下你的鞋子。」孩子抬起腳，原來是鞋子踩到便便了。他媽媽立刻很兇地抓住他的手臂，邊要處理一邊口裡還碎念著：「你怎麼會這麼笨呢！走路踩到大便都不知道。眞是笨死了。」

我經過他們的身邊，略微回頭只見孩子那沮喪的神情。當時心裡想說：「媽媽的內心是擔心孩子的，只是擔心的心情，為何要用責備、否定的方式去表達呢？」

很多對孩子責備、批評甚至人身攻擊的話語，多半是父母的情緒發洩罷了。

對孩子的ＮＧ溝通

其實我們很喜歡孩子分享生活中的任何事情，以及對孩子表達我們的關心之意。然而就是因為對象是我們最愛的孩子，所以他們說的任何話以及做的任何事，都會用放大鏡去檢視著當中的一字一句與一言一行。聽到孩子說出負面的話，會擔心是否學壞；聽到孩子抱怨的聲音，會害怕孩子是否受了委屈；看到孩子沒照著我們的話做，會生氣孩子是否不聽話。

於是乎，我們「爲孩子好」的初衷，卻不知不覺用了「批評否定」、「獨斷命令」、「威脅恐嚇」、「冷嘲熱諷」與「囉唆說教」這些NG的方式與孩子溝通。

溝通，不是講的人說了多少，而是聽的人有聽進多少。只有聽的人把話聽進去，才是眞正的有效溝通。面對我們最愛的孩子與家人，爲何不試著用最能讓對方接受的說話方式呢？如此，孩子才聽得進去，也更能體會我們愛他的心。

NG溝通一：批評否定

「寫功課還邊玩，你眞的很不專心耶！」
「吃個飯還到處跑，孩子裡就你最不聽話了。」
「玩具亂丟，你怎麼這麼髒呀！」

看到孩子邊寫功課邊玩玩具，沒有專心寫功課的模樣，忍不住大喊：「你眞的是很不專心耶！」奇怪的是，明明心中是希望孩子可以專心寫功課的，卻使用了負面的話語「不專心」來罵孩子，期望用否定與批評的話語來導正孩子。這種兜一大圈的溝通方法，往往孩子沒有聽懂，反而感受到的是「我是個不專心的孩子」、「不聽話的孩子」或是「很髒的孩子」等負面思維深深地烙印在心裡。

用否定孩子的溝通方式，只會讓孩子否定自己。

正確溝通方式：正向表述

「請把玩具放旁邊，專心寫功課。」

「請你坐好吃飯，吃完了再離開位置。」

「在睡覺前要把玩具收拾好。」

不用否定孩子，直接正向表述我們想要他去做的事情就好，然後等孩子確實做到後，再給予讚美「嗯，你好棒喔！」、「哇！你好乖喔！」讓孩子感受到做完事情後的肯定與稱讚。

NG溝通二：獨斷命令

「外套穿起來，不要再問了。」

「叫你先做功課就去做。」

「沒有為什麼，因為我是你爸！」

當爸媽不說原因、不講道理，一昧的獨斷命令，只會讓孩子滿頭問號，卻因為無法抵抗而只好不情願地接受。等孩子大了，發現原來不聽也不會怎麼樣，爸媽的話是可以抗爭的，背著爸媽也是可以偷偷地去做。慢慢地，孩子面對爸媽的高壓威權，只會懶得反駁或表面接受，私下再找朋友去做就好。正所謂「上有政策、下有對策」。只有表面上的聽話，是我們想要的親子溝通嗎？

另一方面，若爸媽總是單向地下達命令，孩子有可能不會自己動腦思考，只會盲從。在家裡聽爸媽、在學校聽老師、上班之後聽主管，你說什麼，我就做什麼，總是聽命行事。然而一旦做錯了，卻只會責怪他人，都是別人叫我做的，但卻沒有想過自己可以拒絕說不。

正確溝通方式：給予選擇

「外套要穿起來還是放在書包裡？但是覺得冷了要穿起來喔！」

「吃點心跟寫功課，你要先做哪一個？不過功課要在吃晚餐前寫完喔！」

每個孩子都是獨立的個體，會有自主的想法也是理所當然的。家裡不是軍隊，如果我們希望培養孩子成爲獨立思考的人，當他們的自我意識正在萌芽的當下，就不應該用獨斷的方式強逼及命令孩子。然而，孩子還不成熟，需要爸媽的引導跟教導，所以我們要依據孩子的年齡，給予應有的選擇框架，更重要的是在選擇後面加上條件與限制，待孩子大了，越來越懂事之後，再逐漸地把框架拿掉，把選擇的權利慢慢地還給孩子，成爲眞正能爲自己負責的人。

NG溝通三：威脅恐嚇

「再哭，我叫警察叔叔來把你關起來喔！」

「趕快坐好吃飯，小心等一下揍你。」

「快點回家了，再不走我要把你丟掉囉！」

用威脅或恐嚇的方式，或許短時間可以有快速的成效，以達到爸媽希望的目的。但這種以害怕與恐懼的情緒來控制孩子的溝通，長期下來容易讓孩子產生畏懼與退縮。況且等孩子知道了警察並不會關他，爸媽也不會把他丟掉，那這些假恐嚇眞控制的把戲，也會讓孩子知道爸媽不過是說說罷了，父母的誠信也就蕩然無存。

正確溝通方式：告知後果

「一直用哭的，爸爸聽不懂你在說什麼，那爸爸就沒有辦法幫你忙耶！」

「吃飯跑來跑去，如果不小心弄翻碗的話，你要自己弄乾淨喔！」

「等一下有你最喜歡看的卡通，再不回家就看不到囉！」

直接告訴孩子可能發生的後果，提供孩子思考的機會並做決定的選擇，而且要堅持讓孩子面對後果。弄翻了碗，堅持讓孩子去擦拭乾淨；還是不願意回家，讓孩子面對看不到卡通的結果。孩子大哭了，陪著孩子哭完就好。孩子哭完後，也就學到了教訓。讓孩子學習思考、決定以及面對後果，雖然需要花的時間與耐心比威脅恐嚇來得久，但相信對於孩子的人格發展與未來是更有幫助的。

NG溝通四：冷嘲熱諷

「你好小氣喔！都不願意分享。」

「怎麼這麼笨啊！這麼簡單的題目都不會。」

「回來都沒有洗手，你可眞是乾淨啊！」

對孩子冷嘲熱諷的爸媽，其實是希望孩子可以分享、可以學會解題、可以洗手保持乾淨。聽不懂反話的孩子，只會不斷地猜測爸媽說的到底是眞還是假，或是因爲話中的含義而感到不知所措，同時也會讓孩子懷疑爸媽是否不愛他。而且孩子會把我們對他的冷嘲熱諷模仿得又好又像，轉而學去嘲諷他人。

正確溝通方式：鼓勵稱讚

「試試看去分享玩具，說不定會更好玩喔！」

「爸爸知道你很努力了，下次再考好就可以了。加油！」

「哇！你好棒喔！一回來就知道要洗手耶！」

同樣的一件事情，用鼓勵與稱讚的方式來溝通，能帶給孩子更多更正面的能量。同時可以讓孩子強烈地感受到，我們是相信他們、接納他們並賞識他們的。這不就是親子關係最重要的事情嗎？

NG溝通五：囉唆說教

「到底還要我說幾遍啊？」

「快點吃飯、快點穿衣服、快點穿鞋、快快快快……」

「來，爸爸跟你說……（一講講二十分鐘）」

我們在公司上班，若是主管每隔五秒鐘就提醒你一次：「那個報表做了沒？」「會議記錄什麼時候要給我？」「等會兒要開會的資料準備了嗎？」甚至連桌面都要管，「你這樣貼東貼西，不會影響工作嗎？」「你的杯子可以移過去一點嗎？若是打翻怎麼辦？」當我們面對囉唆與愛說教的主管時，相信腦中只會出現三個字——「你好煩！」

當我們對著孩子囉唆與說教時，他們的內心也何嘗不是如此呢！雖然爸媽的出發點是爲了孩子好，但說教式的溝通只會讓孩子感到爸媽很煩人，無法感受到我們的愛。當孩子還小的時候，可能還無法清楚地表達內心感受。等孩子大了，可能會直接翻白眼給爸媽看喔！

況且，需要我們不斷地囉唆催促，才會做一個動作或走一步，容易讓孩子成爲一個等待指示的人。孩子犯了一個錯，我們花非常多的時間對孩子說教，其實說得太多，超過孩子所能記住的容量，會導致他們無法完全記住。然後下一次再犯，讓我們看了更加火大罷了。

正確溝通方式：有限制的提醒

「這是提醒你最後一次喔！」

「請你在八點的時候（指著時鐘），吃完飯、穿好衣服跟鞋子，不然我們要遲到囉！」

「你知道剛剛做錯什麼嗎？爸爸講一遍，相信你以後會做到。」

若事情歸屬於孩子時，我們一直催促，還眞的是「皇帝不急，急死太監」啊！既然如此，我們最多只需做三次的提醒即可，開頭先提醒，中間再提醒第二次，最後還有一小段時間，給予最後一次的提醒即可。當中不管多想開口都要忍住，因爲一個自動自發的孩子，絕對不會有在背後推著走的爸媽。最後，孩子還是沒有做到，請讓孩子自行承擔後果吧！

對孩子說教，只提醒孩子「做錯什麼事？」「爲什麼不能這麼做？」以及「下次遇到時該怎麼做」就好，更用不著期望一講完孩子就立刻做到。於每一次犯錯的當下都做提醒，然後一次比一次進步就好，一有進步就給予大大的讚美，相信孩子最終一定會做到。

良好的親子溝通

有效溝通，應該是要讓孩子敞開心胸，願意聆聽我們的聲音，感受我們的溫暖以及增進彼此的互動，讓孩子知道我們是支持他、賞識他與相信他的。即使是

「為孩子好」，但卻用了NG的溝通方法，也只會把孩子越推越遠罷了。與孩子的關係是永遠的，只有找到合適的方法、用對技巧，與孩子建立良好的雙向溝通，才可以與孩子分享彼此，攜手共同邁向未來。

與孩子的旅行，我們記得就好

被遺忘的雪

「爸爸，我真的有摸過雪喔？」過年前台灣的合歡山下雪時澤澤問。

「對啊！你快兩歲時，我們到加拿大玩，就看過雪了。」

「是喔！我都忘了耶！」

「來，我給你看照片。」

我起身打開電腦，點著滑鼠，述說著當時拍每一張照片所帶來的旅行點滴。

「這是誰啊？」我指著螢幕上的澤澤。

「哈！我以前好可愛喔！」

「現在也很可愛啊！」我捏了捏他的肉肉臉。

「沒有，現在是帥！」澤澤擺出他慣有的搞笑表情。

「哈哈哈哈，對，又帥又可愛。」

「不管，我都忘記了，所以我們還要再去一次。」

「嗯，有機會的話，當然可以啊！」

「我要現在買機票，明天就去。」澤澤很堅定的模樣。

「沒辦法現在啦！你要上學，爸爸媽媽要做事啊！」

「那你以後一定要再帶我去一次喔！」擺出打勾勾的手。

「好啊！只要你長大後還想要跟我們出去旅行的話。」打著勾勾。

「我當然要跟你們去啊！」

「嗯，搞不好到時候，你只願意跟朋友出去，才不要跟我們了呢！」

「我才不會呢！」澤澤扁著嘴巴，一副信誓旦旦的模樣。

「好，爸爸相信你。不管你們多大了，只要是我們全家人的旅行，爸爸媽媽都會很開心。」

趁著孩子在兩歲前，買機票有優惠時，我們都會帶澤澤與花寶出國旅行。下這個決定時，當然都會有人說：「幹嘛浪費這個錢，小孩子長大後都不會記得。」

而我，只有淡淡的回道：「沒關係，我記得就好。」

無法用金錢來衡量的親子旅行

孩子年紀小當然會忘記旅行的記憶，從金錢的投資回報率來看，的確是效應極低。花費一大筆錢，還要拎著背著大包小包，甚至因爲催促而大動肝火，破壞好心情，經歷的過程卻是又累、又煩，最後孩子居然還不記得。

理性的分析，這絕對是一個吃力不討好且自找麻煩的決定。然而，我們卻忽略了，生命中有許多東西是不能用金錢來衡量的，特別是錯過就永遠無法回頭的事情。

不悔的決定

親子的旅行，是一起體驗這個世界。

親子的旅行，是一起打開更遼闊的視野。

親子的旅行，是一起引發對於未知事物的好奇。

親子的旅行，是增加彼此更深層的認識與了解。

孩子年幼時，我們一同觸摸大地；孩子長大後，我們一起進行無窮無盡的探索；而我們老了，共同經歷過的所有美好，都會成爲心中最無可取代的深刻記憶，而且永遠不會忘記。

所以即使再累、再自找麻煩，扛著行李回到家的那一刻，心中一定又開始盤算著下一次要帶孩子去哪裡。因爲每一次全家出遊的時光都彌足珍貴，無論付出的金錢多寡、旅程是長是短都一樣。只要量力而爲且不造成負擔，我們都會從內心發出不悔之聲：「當時有帶他們出去，眞好。」況且等他們大了，搞不好還不想跟我們出遊呢！

將來翻出陳年照片，大家都在關注孩子小時候有多可愛時，我會看著照片，露出淺淺地微笑，絲絲的品嚐那段甜蜜的過往。

孩子忘了沒關係，只要我們記得就好。畢竟，與孩子的旅行，是給我們自己的永恆回憶。

孩子忘了沒關係，反正我們記得就好。畢竟，與孩子的旅行，是給我們自己的永恆回憶。

人生一起走到最後的，不是孩子，而是另一半

許久未有的電影約會

查詢了電影時刻表，看到一部評價不錯的電影，開口問道：「老婆，這部電影妳有興趣嗎？」老婆想了想：「嗯……還好耶！」我嘟著嘴說：「是喔！那妳有想要看什麼嗎？」老婆拿過手機，大概瞄了一眼：「不知道，我對最近的電影沒有什麼興趣。」我頓了一下：「不看電影的話，妳有想要做什麼嗎？」老婆搖搖頭：「沒有。不然你自己去啊！你平時不都是自己去電影院看的。」

看電影是我的興趣與休閒活動。想當初與老婆交往時的約會，不是在電影院，就是在前往電影院的路上。不過，澤澤出生後，開啓了獨自看電影之路。從買兩張票的慣例，變成買一張票的習慣，而且還是看孩子們已入睡後的午夜場。一個人夾在兩對恩愛的情侶中，也早已是司空見慣之事。

畢竟孩子還小，無法離開我們，去哪都要帶在身旁，假使找不到人來幫忙照顧孩子的話，想找一天來個夫妻倆的約會，簡直有如癡人說夢。既然如此，只好找瑣碎的時間，在老婆的同意下，單獨完成久久一次的興趣與休閒。

不過，在澤澤與花寶都上學後，見到了一絲轉機，趕緊開口向老婆詢問許久未有的電影約會。

滿是孩子的生活

有了孩子之後，老婆的重心從彼此轉移到孩子身上，而我的心思則是在工作與家庭之間不斷地切換，我們像是在滾輪上的倉鼠，日復一日又年復一年在忙碌中打轉。偶爾會期待著重要的節日，對方會有什麼驚喜安排，可惜通常都是上個知名餐廳就打發了。老婆偶爾也會在看浪漫的韓劇之餘，像小媳婦般地輕聲嘆息道：「唉！結婚之後，你就沒有這麼浪漫的對我了。」而我不是無言裝傻，就是舉旗抗議著：「偶像劇裡演的，都是虛幻的好嘛！」

漸漸地，每一次路上的牽手，都因花寶要抱抱或澤澤大喊：「不准牽媽媽」而打斷；每一次計畫的約會，都因找不到人照顧孩子而無期限延後；每一次結婚紀念日的慶祝，都因小電燈泡們的打擾而在咆哮中度過；每一次逛街，最終都被孩子們拉去兒童玩具區，而讓老婆單獨去逛。除了晚上睡覺前的夫妻談心，如交往時的兩人世界幾乎是屈指可數了。

所以，好不容易在孩子們放學之前，只有我們兩個在家，當然要出去約會一下囉！於是我堅持說：「這次我不要自己去，我想要跟你一起看電影。」老婆似乎聽懂意思了，微微點點頭說：「好吧！那要挑我想看的喔！」我眉開眼笑地大喊：「沒問題！」

夫妻的約會

選了有優惠的早場場次，挑了中間偏後面的絕佳位置，買了一份大爆米花加兩杯飲料的雙人套餐。等著播放正片的空檔，向老婆大略講解與這部電影有關的前因後果，其實是在老婆面前展露老公懂很多的愛現，感受老婆欽佩的愛慕之意。接著，就是享受兩個小時的電影時光。

走出電影院後，在十字路口，綠燈一亮，伸手出去，牽起老婆的手，而且是沒有孩子阻擋的十指緊扣。此時的我，心中有些像談戀愛般的心跳加速與內心悸動。我們一路上牽著，直到餐廳的座位上才不捨地放手。

點好了餐，繼續討論著劇情後，話題又回到了孩子。從澤澤聊到花寶，從學校聊到才藝班，從昨天發生的狀況聊到小時候的可愛，就在腦中正在想著要講什麼時，沒想到我與老婆互看著對方，出現了五秒鐘的沉默。我想，可能是因爲孩子的事情似乎都聊差不多了。

當生活滿滿都是孩子時，孩子理所當然成爲夫妻之間的共同話題，但除了孩子之外，彼此之間還有引起共鳴的連結嗎？

「呵，你想說什麼？」兩人相視一笑，我開口問老婆。

「沒有啊！」

「對了，妳之前不是說想學畫畫，有找什麼課程了嗎？」想到老婆之前提過。

「有啊！我有看到一個繪畫課跟一個速寫課還不錯。」

「不錯啊！那就去報名囉！」

「是很想，不過……」

「不過什麼？」

「繪畫課是九點開始上課，我八點半就要出門了，花寶上學怎麼辦？還有速寫課到下午四點半才結束，來不及接澤澤跟花寶下課耶。所以，我想還是算了啦！下一期再看看好了。」

「老婆，不要想這麼多啦！」我打斷老婆的煩惱，接著說。「你只要想去就去吧，孩子交給我。有興趣就快試試看。」我立刻堅定地回答。

「眞的嗎？好啦！那你昨天的演講……」

沉默的五秒鐘，開啓了孩子以外的話題，我們把話題再次回到對方身上。先關心近況，再聊起小時回憶、分享成長之中的點滴過程，討論屬於我們家的未來。其實，除了孩子之外，夫妻一定有更多的話題可以聊，重點是，我們是否關心以及是否願意傾聽。

伴侶的「伴」是由「人」與「半」所合成的，也就是說，我們都要找到一生當中的伴侶，人生才會圓滿。忙碌於孩子與工作之中的夫妻，一定要試著擠出時間，務必要找到共同喜好，重溫初次約會的心跳加速，串連起專屬於兩人的過往與將來。

所謂的約會，無需如偶像劇般的華麗，或刻意設計過的驚奇，重點在於心意的傳遞。眞正的感動，不在於自己「付出」多少，而是對方「接收」了多少。假日的時候，老公起床做個愛心早餐，讓老婆可以睡到自然醒；不時地寫張小卡片，讓另一半知道我們的感謝；適時地關心詢問與聆聽發生的所有瑣事，讓另一半感受到他在自己心中的重要程度。只有打動對方的內心，發覺到互相的重視，激發起最深沉的感動，就是一次最棒的約會。

夫妻之間，除了孩子之外，依然要有情感的連結，只有深厚的情感連結，夫妻才能攜手走得更遠。因爲，陪我們一起走到最後的，不是孩子，而是「另一半」。

請尊重孩子的主要照顧者，別插手管教

旁人熱心的幫忙

星期天的午後，帶著澤澤與花寶到公園玩耍。一踏進了公園，兩小就往鞦韆跑去，我緩緩地走了過去，跟著一起排著隊。假日的公園，人真的好多，每個鞦韆的後頭，永遠都有兩個以上的小朋友在排隊。等了一陣子之後，總算輪到花寶了，花寶玩啊玩，非常開心地不停地笑著。

「好了，時間到囉！下來吧！」我漸緩地把鞦韆給停了下來，正想牽著花寶的手離開時，卻發現花寶還是坐在鞦韆上一動也不動。「走吧！」我蹲著輕聲地跟花寶說，只見花寶搖搖頭不願意移動。我指著後方排隊的人：「花寶，我知道你還想要玩，但也要讓其他的人玩啊！如果還想要玩，我們再繼續排隊。」只見花寶低著頭、扁著嘴說道：「不要，我還要玩。」我說：「那爸爸再數十下，妳一定要下來喔！」花寶相當堅持的說：「我不要十下，我要更久。」

我正想著還有什麼方法時，突然有個阿嬤出現在我身邊，用聽似溫柔的語調對花寶說：「妳這樣不乖喔！要讓其他人玩啊！」個性略微怕生的花寶，一聽到有不認識的人在對她說教，頭只會更低，然後把鞦韆抓得更緊。此時，另一位離的較遠的阿嬤，也高分貝的講話了：「好啦！妳再二十下好啦！再二十下就要換別人囉！」在這兩位阿嬤熱心地試圖「幫忙」我來教孩子的同時，周圍越來越多人加入了意見：「沒關係啦！就讓她再玩啊！」「不行，就是要趁機會好好的教。」衆人一言一語的「幫忙」之下，我環繞四周一看，發現周遭的爸爸、媽媽與阿公、阿嬤們，幾乎都不約而同地望著我與花寶。

如果，公園是個舞台，當時的鞦韆區，應該就是聚光燈的焦點處。

超越管教孩子的界線

其實，我早有打算，假設幾個方法都不行，在盡量不影響到他人的前提下，我會直接把花寶抱走。如此可讓下一位繼續玩，而我則把花寶抱至一旁繼續我的教導。然而隨著大家的好心且熱心的指點下，讓我有些不知所措，也撥亂了花寶那已經被拉扯到相當緊繃的情緒。就在衆人的聚焦下，花寶的情緒線立刻斷了。「嗚哇——我不要玩了啦！」慘烈的哭聲，立刻將衆人的言語轉爲無聲，花寶雙手鬆開了鞦韆，直撲往我的身上緊抱著，放聲大哭尋求慰藉。就在我抱著花寶到一邊後，原本看著我們的人彷彿電影下檔般的恢復了正常。

安慰花寶的同時，想到平常我們帶著孩子的時候，多少都會發生類似的事情。可能是不認識的人，也有可能是認識的朋友、鄰居，甚至是往來密切的家人，基於熱心與好心，或是想要疼孩子，卻無意也無心地超越了管教孩子的界線，介入了孩子的主要照顧者的堅持與做法。

孩子亂發脾氣，爸爸媽媽正在教導孩子的當下，心疼孩子的長輩直接把孩子哄著抱走：「哎呦！不哭不哭，媽媽好兇喔！眞是心疼。」剛出門遇到鄰居，硬塞糖果給孩子，當爸媽說現在不可以吃的時候，還邊笑邊打開包裝說：「哎呦！吃一顆又沒有什麼關係。媽媽好嚴厲喔！」然後直接往孩子的嘴巴送去。

超越管教孩子的界線，大概可以分爲「介入管教」與「強迫贈與」這兩類。

介入管教

不管是認識還是不認識的人，有想要介入管教的意圖，相信都是爲孩子好，但是當孩子的爸爸媽媽已經在管教孩子時，只要沒有過度的管教行爲，請給予孩子的主要照顧者一些空間與時間。因爲爸爸媽媽每一次管教孩子，就是對於規範的建立。一次又一次的衝撞，都是爸媽與孩子之間界線的拉鋸，找尋溝通方式的磨合。如果當孩子一哭鬧，看不過去的長輩直接把孩子抱走或是認爲自己的教法比較好而插嘴，雖然自以爲是在救孩子，其實是讓孩子與主要照顧者之間缺少規範建立與彼此溝通的練習，也會缺乏摸索與了解對方個性的機會。次數多了，孩子被管教的當下會找尋幫手以藉此逃脫，爸媽可能也會有不想管教孩子的念頭。

只有尊重孩子的主要照顧者，給予爸媽與孩子一些空間與時間。這才是對孩子最好的選擇。

當然，如果我們的孩子影響到他人的權益太多，像是在捷運或火車上等公眾的密閉空間哭鬧太久，在餐廳大聲喧嘩或亂跑嬉鬧，甚至到了有點惱人的地步，爸媽還是應該要想想辦法，考慮到周遭人的感受，而非兩手一攤的「無爲而治」。

不過，當我們遇到帶著無法控制且大聲哭鬧的嬰兒而手足無措的爸媽時，還是可以上前給予肯定與關心：「媽媽，妳辛苦了。他是想睡覺？肚子餓？還是尿布髒了呢？有什麼是可以幫忙的嗎？」而非直接下指導棋喔！試著做到同理彼此，給予關懷與尊重，不要強迫他人接受自己的意見。

強迫贈與

旁人會想要給孩子糖果、餅乾、冰淇淋等，當然都是想要讓孩子開心，看到他燦爛的笑容。其實爸媽應該一般都會規定孩子每天只可以吃多少甜食，或是只能在什麼時候吃，因爲最了解孩子的理所當然是孩子的主要照顧者。有些孩子太晚吃甜的會亢奮，導致晚上睡不著；或是孩子早上已經吃過餅乾了，所以現在不能吃，這些都是旁人不會知道的。孩子晚上睡不著，要跟孩子抗戰的，是爸媽；孩子零食吃太多而正餐不想吃，要與孩子抗戰的，也是爸媽，這也都是旁人強迫贈與給孩子的當下無法體會的。

所以請尊重孩子的主要照顧者，把是否接受的決定權交給孩子與主要照顧者去討論。最好的方式是當想要給孩子的時候，跟他說：「要問你的爸爸媽媽可不可以吃喔！」然後當爸媽說「不可以」的時候，那就表示是眞的「不可以」。

不過，等孩子大了，最應該要學會拒絕的人，其實是孩子自己。「不行，媽媽說要吃完飯才可以吃糖果。」「謝謝，但我要先問媽媽可不可以。」此時，爸爸媽媽應該會感動到痛哭流涕了吧！

請尊重孩子的主要照顧者

每個爸媽對孩子一定有原則與要求，也會有自己的信念。小孩有錯誤時，會嚴厲指正，小孩有想要的東西時，有相對的堅持。所以看到爸媽在教孩子時，請尊重孩子的主要照顧者，讓爸媽做該做的事情。照顧孩子很辛苦，父母不會奢求他人的掌聲，因爲這是心甘情願的，但也請不要認爲自身的經驗是對的，就輕易地超越了管教孩子的界線，把手伸進別人的親子連結之間。

當然我們無法控制所有人，但也切忌於事後埋怨他人。「都是他給你亂吃巧克力，你才這麼晚還睡不著。」「都是他們亂給意見，害我沒有辦法好好地處理孩子的問題。」把孩子所發生的一切後續，都歸咎於全部是他人的錯。

只要在當下或事後，好好的跟孩子講原因與道理，逐漸地培養孩子判斷是非對錯的能力。不責怪他人，也不要自責，秉持著「我們都是有了孩子之後，才開始學習怎麼當父母的」。相信隨著每一次的狀況，跟著孩子一同成長與學習，然後一起越來越好。

該如何處理長輩介入父母對孩子的教養

在一所學校演講完後，有位媽媽從座位上走向我，面帶憂愁地向我提問。

「澤爸，您好。可以跟您請教關於長輩的問題嗎？」

「當然可以啊！請問。」

「我的公婆會插手我們管教孩子，都認爲我們不會教，該怎麼辦啊？」

「是喔！你們是一起住嗎？」

「對啊！我們是跟公婆一起住的。」

「嗯……那你的老公怎麼說？」我問。

「他要我自己跟婆婆講啊！」

「你老公不管喔？」

「有啦！只是每一次他跟我婆婆說，都是吵架收場。我婆婆就會回：『我也是這麼養大你的啊！』幾次之後，他就不想講了，要我自己去溝通。唉……」

其實這位沮喪的媽媽並不孤單，因爲我每到一個演講的場合，一定會被問到類似的問題。當家中有過多裁判的時候，的確會讓整個管教的界限變得複雜，特別是三代同堂相處在一個屋簷下。或是夫妻倆都需要上班，白天都是由長輩來照顧時，都很容易有意見上的衝突。

我跟老婆很幸運，雙方的爸媽都相當明理且尊重我們教導孩子的方式，沒有給予過多的指導方針，甚至直接指揮。當然，我們是孩子的第一線照顧者，對於孩子行爲的好與壞，要負一定的責任。只是長輩依然是孩子的阿公、阿嬤，想要疼愛孫子的心情是無可厚非的。既然如此，何不試著找出對的方法，來跟長輩好好溝通呢！

做另一半與家人之間的橋梁

怎麼跟長輩說是其次，最重要的是要誰去溝通呢？原則上，是誰的長輩，就由誰去溝通吧！

雖然說娶了媳婦就像多了個女兒，有了女婿就像多了個兒子。但與自己一手拉拔長大的孩子相較之下，還是會有些許的差別對待。如果平時是住在一起，生活上已經有許多事情需要磨合了。假使心中對彼此已經有了成見，此時再加上孫子的因素參雜其中，只會讓這層關係越來越複雜罷了！

所以，我們都應該要擔任另一半與自己家人之間的橋梁。讓兩邊因爲自己而產生緣分的家人們，可以因爲有了座橋梁，而溝通日趨順暢，把爭執降到最低，能磨合得越來越好。不能說一句：「我媽也算是你媽啊！自己去講啦！」「難道妳就不能順著我媽一下嗎？」把這座橋梁應盡的責任給推的一乾二淨。

我們跟爸媽起爭執，撒嬌一下就沒事了。若是另一半與我們的爸媽起爭執，這個芥蒂可能會埋在心中相當久喔！

只有這個橋梁做得好，整個家才會更加地和諧與美滿。

感謝長輩對孩子的好

我們希望孩子可以自己吃飯，但長輩會追著孫子餵食；我們希望孩子看電視的時間是有限制的，但長輩會讓孫子看比較久；我們不希望孩子吃甜食，但長輩會塞糖果給孫子。其實，換一種角度來看，這都是愛孩子的表現。

只要對孩子沒有過度溺愛或打罵，教養方式沒有絕對的對與錯。

所以，當我們要與長輩討論孫子的教養時，絕對要帶著一顆感恩的心來對談，不要一副糾正與批評的模樣。因爲長輩也一樣是疼愛孩子的，只是跟我們疼愛的方式不一樣罷了。

如果我們用糾正與批評的方式跟長輩說：「媽，你不要太寵他啦！他會這樣沒大沒小都是你造成的！」「吼，妳這樣照顧孩子不對啦！現在沒有人這樣教！」其實正傳遞著「你的做法是錯的，要照我說的才是對」的否定。當長輩感受到被否定與指責的氛圍時，往往會急於辯解或撇清，不是大打回憶牌：「我也是這麼把你養大的啊！你還不是長得好好的。」不然就是冷戰：「我不會教，不然都給你們教好啦！」如此一來，這個溝通已經是停滯且無法繼續下去了，也會讓我們產生「長輩不願意跟我們溝通」的誤會印象。

「媽媽，有你一起照顧孩子真好。」「孩子最喜歡跟阿嬤在一起了。」用感恩的方式來開頭，同時也傳遞著「我們很謝謝你對孩子的疼愛」的認同。當長輩感受到的是被認同與感謝的氛圍時，往往會心情大好而把溝通之門給打開。這個時候，趁機把我們想說的話，適時地表達出來，長輩也較能聽得進去喔！

提供選項而非全面否決

既然長輩也是疼愛孩子的，那長輩對待孩子的方式，就不用全面否決。「不要再買零食給他吃了啦！」「他的玩具已經很多了。」「他不可以喝汽水。」先別急著把長輩的「疼」孫，解讀成「寵」孫，認定成侵犯了父母設立的界限。

其實，只要提供選項，既可以讓長輩疼孫，又可以堅守管教的界線。

「孩子在咳嗽不太能吃零食，不然等身體好一點了再吃。」「這個玩具算是送給孩子的生日禮物好啦！」「我們不要讓孩子喝汽水，可以買果汁給他喝喔！」把長輩對孩子的好，轉化爲我們可以接受的選項。如此，既可以把長輩對孫子的好讓孩子知道，也可以維持在管教界限的彈性之內。

既然是對孩子好，沒有一定要聽誰的而全面否定另一方。只要提供在範圍內的選項，都是一種愛的表現。

一起為孩子好

除了提供選項之外，還可以用「爲孩子好」的前提向長輩提問。

「阿嬤買了孩子最喜歡吃的零食，只是他現在咳嗽的有點嚴重怎麼辦？」「可樂對孩子似乎不太適合，還有什麼飲料可以喝呢？」把問題丟給長輩去思考，只要心中是爲了孩子好，相信都能討論出最適合孩子的疼愛方式，而非只是一味的依照自己的想法給予。

或許我們會擔心因爲長輩而破壞了我們對孩子設立的管教界線。其實，教養的界限，沒有那麼容易被破壞。只要當孩子在我們面前時，溫柔地堅持著規範，規矩依然是可以被建立的。

面對長輩對孫子的照顧，先以感恩的心爲開端，再提供適當的選項以及一起爲孩子好當作目標來討論，相信可以與長輩一同把持著愛與規矩的界限。

另外，當長輩爲孩子白天的主要照顧者時，我們更要考量到長輩的體力與能力，給予更多的教養彈性，而非一定要依照我們所設想的方式來要求長輩。像是希望孩子可以多曬太陽而要求長輩帶去公園玩，但卻忘了長輩的體力有限，無法在公園跟著孩子跑來跑去。當我們放心讓長輩長時間的來照顧孩子時，許多的教養界線，應該要依著長輩的狀況而隨時調整與變動。如果，堅持要求長輩要照著自己希望的方式去做，不容許絲毫的妥協，只會帶來更多的不滿與爭執罷了！

用愛來擁抱孩子

一再重寫的國字

「媽媽，我不想要再寫了。」小一的澤澤一邊寫著國字一邊流著淚。

澤澤小學一年級的班導相當注重學生們寫字的端正，只要寫得不好看、大小不正確、字跡亂撇等，一律都會被紅字圈起來，要求擦掉重寫。這次。已經重寫第三遍了，老師還是不滿意，澤澤在學校沒寫完，回家繼續。就這樣，寫到都哭了。

「其實我覺得已經寫的很漂亮啦！老師怎麼還是圈起來。」老婆心疼地說。

「或許老師有他的標準，應該也是覺得澤澤可以做到吧！」我說。

「兒子加油。只剩下幾個字，快寫完了。」我按摩著他的肩膀，小小鼓勵著。

慢慢地如刻字般的寫好一個字後，自己看了一下，搖搖頭，拿起了橡皮擦擦掉剛寫好的字。「寫得不錯啊！你幹嘛要擦？」我問。澤澤說：「我覺得不夠好，老師一定會要我再寫一次的啦！嗚嗚嗚嗚……」澤澤嗚著臉放聲痛哭著。一旁的老婆溫柔地抱著他，直到澤澤逐漸收起了啜泣，再次提筆，繼續努力地奮戰著。

澤澤上了小學之後，越來越多類似的情形發生。有時候是老師的要求，有時候是我們的期望。

不斷練習的鋼琴

「再來一次，亂七八糟，你到底有沒有在認眞彈鋼琴啊！」老婆坐在澤澤旁邊嚴格要求著。

「我有啊！」澤澤哀怨地看著媽媽。

「你有？那爲什麼剛剛才錯的地方又彈錯。已經第三遍了，表示你沒有在認眞嘛！再一次。」

「喔……好啦！」垂頭喪氣地回應。

澤澤看著琴譜，鋼琴聲響起，一切聽似平順之時，彈奏到同樣的地方，突然停了下來，滿臉沮喪地轉頭看著老婆：「又不對了。」老婆面無表情地說：「從頭再一次。」澤澤大吸一口氣，調整一下位置，再度彈了下去。然而，又到了一樣的地方，連我在旁聽著都聽得出來這一小節還是有問題。澤澤再次停了下來，很生氣地大吼一聲「啊！」然後相當用力的像洩憤般地揮拳跺腳，嘶吼著：「我不要彈了啦！我討厭鋼琴，啊！」生完氣後，有如洩了氣的皮球，毫無生氣。

孩子在學習的路上，我們都希望他好，可以進步、成長，能夠對將來有所幫助。於是，我們總是像隻老虎一樣，在孩子的身後嚴厲地盯著，督促著他必須向前大步邁進，推著他一步一步的往成功大道走著。深怕一個不留意，他會立即鬆懈了，然後虛度光陰且輸在起跑線上。

然而，我們卻忘了，想要爲孩子好的當下，稱讚、鼓勵與相信才是最重要的。

我們不喜歡的感受，孩子同樣也不會喜歡

「你怎麼考試又粗心了呢？眞的很糟糕耶！」「教了這麼多遍還不會，你實在是很笨耶！」「爲什麼只有你要重寫，別人都不用，就是因爲你有問題啊！」「人家這麼多獎盃，你怎麼都沒有，家裡最沒用的就是你了。」我們看到了孩子的行爲或結果不如預期時，很容易用批評、責罵與諷刺的方式，來表達出我們對他的要求與失望。只是，如果聽到這些話的人是我們時，感受又是如何呢？

我們工作上挫敗了，會希望爸媽拍拍我們的背說：「辛苦了，我知道你已經做出最大的努力了。」而非一旁冷言冷語地說：「你看吧！我早就說你會失敗的。」我們比賽落選了，會希望爸媽鼓勵著我們說：「沒關係，下次再來，我相信你一定可以的。」而非一路檢討與展露不耐：「唉！你剛剛那個地方已經練習很多遍，怎麼還會錯呢！」

不管是學校老師對孩子的嚴厲、我們對孩子的期望或是孩子對自我的要求，這些在他身邊環繞施壓，拼命督促前進的同時，別忘了，當他的情緒到了臨界點、心情有些沮喪、超過身體負荷或壓力緊繃時，我們願意與孩子放慢下來，提醒他可以放鬆。最重要的是，讓孩子感受到，我們是支持他、相信他與賞識他的心境。

指責、批評與謾罵等行爲，只會增強負面的情緒、心情、壓力與身體的負荷。只有因稱讚而產生的賞識、因鼓勵而產生的支持、因陪伴而產生的相信，才能讓他從內心肯定自我，有勇氣繼續接受挑戰與面對恐懼。因爲我們不喜歡的感受，孩子同樣也不會喜歡。相反的，施與我們喜歡的感受，孩子才會產生更大的力量。

澤澤因爲不斷地練習鋼琴而生氣，我走到他的旁邊，跟他肩併著肩坐在一起，摟著他，讓他在我懷中生氣與哭泣，陪他共同走過這一些難過的時光。等他發洩完了，我問他：「我知道你已經很努力了，不然今天先這樣好了，去睡覺吧！」澤澤搖搖頭：「不要，我要繼續。」我安慰著：「眞的沒有關係，我相信你當然可以，但不一定要今天啊！我感覺你已經有點疲累了。」澤澤轉頭看著我：「爸爸，我可以啦！」我看著他，緩緩地說：「好，既然你覺得可以，但請你先答應我一件事情。」澤澤問：「什麼？」我堅定地說：「就是先休息一下。」

我抱著超過三十公斤重的澤澤到浴室，陪著他一起洗澡。這十分鐘，我們暢談「復仇者聯盟」、猛聊ＮＢＡ、講述與同學發生過的好笑故事。不聊鋼琴、不談功課，只講雙方有興趣與會快樂的事情，讓澤澤徹底地好好放鬆一下。

洗完澡、吹乾頭髮的澤澤，重新回到鋼琴前坐了下來，挺著背伸展一下，拉了拉手，再度開始彈奏。聽著音符，快要彈到剛剛連續出錯的地方時，我不免小小緊張了一下。這一次，很順利地彈過了，非常順暢的直到最後。澤澤鬆了一口氣，很開心地對著我跟老婆大笑。我們大聲的稱讚他：「哇！你好棒喔！成功了。」、「我們就知道你一定可以。」給他一個最溫暖的大擁抱。

當我們拉著孩子到處趕場學才藝時，一定要檢視一下，是否依然有親子溝通的相處時間，來暢談彼此與分享心事。當我們變身虎爸虎媽督促孩子時，也要思考一下，是否有依照孩子的能力與程度，做出適當的要求，而非過度的期望以及氾濫的期許。

而且，別忘了最重要的事，「愛」才是家人之間最重要的聯繫因素。雖然該管的就要管、該唸的就要唸、該嚴厲的就要嚴厲，只是在比例上，我們可以調整一下。請不斷地提醒自己：「給予孩子的稱讚比罵語多；面對孩子的笑臉比生氣多；貼正面標籤比負面標籤多；記得孩子的好比不好要多；跟孩子說我愛你比嘮叨多」。讓他知道，我們是用「愛」來爲他好，而不是用打罵與逼迫的方式。

一起用愛來擁抱孩子吧！

國家圖書館出版品預行編目資料

陪伴你的力量：澤爸的親子日記／魏瑋志著. -- 初版. -- 臺北市：書泉, 2017.05
面；　公分
ISBN 978-986-451-086-3（平裝）

1.親職教育　2.子女教育　3.文集

528.207　　106002943

3IDI

陪伴你的力量：澤爸的親子日記

作　　者 — 澤爸（魏瑋志）（409.6）
發 行 人 — 楊榮川
總 編 輯 — 王翠華
主　　編 — 王正華
責任編輯 — 金明芬
封面設計 — 鄭云淨
出 版 者 — 書泉出版社
地　　址：106台北市大安區和平東路二段339號4樓
電　　話：(02)2705-5066　　傳　真：(02)2706-6100
網　　址：http://www.wunan.com.tw
電子郵件：shuchuan@shuchuan.com.tw
劃撥帳號：01303853
戶　　名：書泉出版社

總 經 銷：朝日文化
進退貨地址：新北市中和區橋安街15巷1號7樓
TEL：(02)2249-7714　　FAX：(02)2249-8715

法律顧問　林勝安律師事務所　林勝安律師

出版日期　2017年5月初版一刷
定　　價　新臺幣350元